一读就懂的

法律常识课

李雪姝 —— 编著

民主与建设出版社
·北京·

U0739467

©民主与建设出版社，2023

图书在版编目（CIP）数据

一读就懂的法律常识课 / 李雪姝编著. -- 北京：
民主与建设出版社, 2023.9
ISBN 978-7-5139-4321-5

Ⅰ.①—… Ⅱ.①李… Ⅲ.①法律—基本知识—中国
Ⅳ.①D920.4

中国国家版本馆 CIP 数据核字（2023）第 149347 号

一读就懂的法律常识课
YIDU JIU DONG DE FALü CHANGSHIKE

编　　著	李雪姝	
责任编辑	韩增标　　王宇瀚	
封面设计	韩海静	
出版发行	民主与建设出版社有限责任公司	
电　　话	（010）59417747　　59419778	
社　　址	北京市海淀区西三环中路 10 号望海楼 E 座 7 层	
邮　　编	100142	
印　　刷	德富泰（唐山）印务有限公司	
版　　次	2023 年 9 月第 1 版	
印　　次	2023 年 10 月第 1 次印刷	
开　　本	710 毫米 ×1000 毫米　　1/16	
印　　张	16	
字　　数	186 千字	
书　　号	ISBN 978-7-5139-4321-5	
定　　价	59.00 元	

注：如有印、装质量问题，请与出版社联系。

前言 *preface*

　　夫妻间签订的"忠诚协议"有效吗？父母财产分配不均，子女要同样地尽赡养义务吗？下班时间回复工作相关的信息，算不算加班？……这些生活中或自己遇到，或周围人遇到的常见问题，其结果与自身权益息息相关，应当如何从法律角度看待或者解决呢？

　　无论是在婚姻、家庭中，还是在校园、职场、日常消费中，懂些法律常识都很有必要。或许，大家都听说过这样的案例：一名大学生了解到一份"兼职"——将自己银行卡出借给他人从而获取佣金，想着赚钱如此简单，他就同意了。结果他的银行卡被拿去进行网络诈骗了，导致这名大学生被判刑，而且学业和前途尽毁。如果他提前且充分地了解了出借银行卡给别人所要承担的法律风险，那么他还会选择做这份"兼职"吗？答案显而易见。

　　知法、懂法、守法，才能不违法，同时更能够依法维护自身合法权益。或许大家对以下现象都有耳闻：工作试用期即将结束，却被公司随意辞退；买的二手家电，用了一个月坏了，卖家也不提供维修服务……对于这些损害自身合法权益的行为，不少对法律常识知之甚少，或者依法维护自身权益观念淡薄的人或许会抱着多一事不如少一事的态度，自认倒霉。但是如果我们对相关法律常识有所了解，树立强烈依法维护自身合法权益的观念，就会据理力争，拿起法律这个强大武器，维护自身合法权益，保障自身在这个法治社会里更好地生存与发展。

本书讲解了生活中比较常见的结婚与离婚、赡养与抚养、继承与赠与、购房与租房、校园与职场、合同与保险、消费与理财、担保与人格等方面的部分法律知识，结合每个知识点分别选取了较为经典的、有代表性的案例，由专业律师对案例进行解读，并附有相关法律条文，由点到面、由浅入深、通俗易懂、非常实用。

目录 *contents*

第八章　担保与人格

结婚与离婚 〉〉〉

👤 办理婚姻登记，应该准备哪些材料呢？

经典案例

曹先生与何女士从大学时期开始恋爱，工作了几年后，二人终于结束了爱情长跑，决定去办理结婚登记。

两人先从网上查询到结婚登记需要回任意一方的户籍地办理，办理时需要带上双方身份证、户口本、近期半身免冠合影照片3张。他们准备好这些材料来到了曹先生的户籍地。

曹先生与何女士来到民政局，没想到当天来办理结婚登记的人特别多，而且是提前预约的优先。望着排得长长的队伍，两人决定先回家在网上预约，预约成功后再来。

二人再次来到民政局。办理结婚登记的时候，工作人员发现何女士户口本上的派出所公章比落款多了"中心"两个字，落款为"××派出所"，公章为"××中心派出所"。何女士二人因此暂时不能办理结婚登记。何女士清楚地记得自己家的镇上只有一个派出所。工作人员耐心地解释，这个情况需要由当地派出所开具书面证明，证明公章和落款实际上为同一个派出所，才能办理结婚登记。于是何女士立即联系爸妈帮忙办理了证明并邮寄给自己。

曹先生与何女士第三次来到民政局，这次的办理过程特别顺利，工作人员郑重地将结婚证打上钢印后交给二人。二人开启了新的人生旅程。

　　结婚登记是国家对婚姻关系的建立进行监督和管理的制度。

　　只有到了法定年龄才可以申请办理结婚登记。中国大陆（内地）规定法定结婚年龄男生不早于22周岁，女生不早于20周岁。民族自治地区因为民族原因可以对法定婚龄作变通规定，如一些自治地区以男生20周岁，女生18周岁为本地区的最低婚龄，但这些变通规定仅适用于少数民族，不适用于生活在该地区的汉族。另外，中国香港特别行政区的法定结婚年龄男生是18周岁，女生是16周岁。中国台湾地区的法定结婚年龄为男生18周岁，女生16周岁。中国澳门特别行政区的法定结婚年龄男女都是16周岁，澳门居民年满16周岁未满18周岁结婚需要取得父母或监护人同意，又或经法院的许可。

　　结婚除必须符合法律规定的条件外，还必须在规定的结婚登记处履行法定的婚姻登记手续。申请人有下列情形之一的，婚姻登记机关不予登记：未到法定结婚年龄的；非双方自愿的；一方或双方已有配偶的；属于直系血亲或者三代以内旁系血亲的；患有医学上认为不应当结婚的疾病的。

　　结婚登记必须由双方本人到民政局办理，不可以由他人代办。如果结婚双方中有人是集体户口，则需要到相关单位去将集体户口簿首页和索引页进行复印，并加盖公章，同时带上集体户口个人单页原件。

第一章　结婚与离婚

········· 法条援引 ·········

《婚姻登记条例》

第五条 办理结婚登记的内地居民应当出具下列证件和证明材料：

（一）本人的户口簿、身份证；

（二）本人无配偶以及与对方当事人没有直系血亲和三代以内旁系血亲关系的签字声明。

办理结婚登记的香港居民、澳门居民、台湾居民应当出具下列证件和证明材料：

（一）本人的有效通行证、身份证；

（二）经居住地公证机构公证的本人无配偶以及与对方当事人没有直系血亲和三代以内旁系血亲关系的声明。

办理结婚登记的华侨应当出具下列证件和证明材料：

（一）本人的有效护照；

（二）居住国公证机构或者有权机关出具的、经中华人民共和国驻该国使（领）馆认证的本人无配偶以及与对方当事人没有直系血亲和三代以内旁系血亲关系的证明，或者中华人民共和国驻该国使（领）馆出具的本人无配偶以及与对方当事人没有直系血亲和三代以内旁系血亲关系的证明。

办理结婚登记的外国人应当出具下列证件和证明材料：

（一）本人的有效护照或者其他有效的国际旅行证件；

（二）所在国公证机构或者有权机关出具的、经中华人民共和国驻该国使（领）馆认证或者该国驻华使（领）馆认证的本人无配偶的证明，或者所在国驻华使（领）馆出具的本人无配偶的证明。

👤 办结婚典礼却没办理结婚登记，婚姻是否有效？

刘女士性格温婉，年轻时长得非常漂亮，曾先生当初为了娶到她费了不少心思，二人在老家于 1992 年隆重地举行了结婚典礼。婚后，刘女士随丈夫到大城市里生活，丈夫忙忙碌碌地在外创业，刘女士则在家生养孩子，全力操持家务。

经过二十几年，曾先生凭借自身的能力将生意越做越红火，孩子也已成年，刘女士对自己的家庭非常满意。

然而，有一天，曾先生却突然向刘女士提出离婚，理由是自己与一位年轻的女同事相恋，并且执意要与这名女子结婚。刘女士感到如晴天霹雳，她的世界仿佛一下子坍塌了，无论她如何挽回，曾先生都不为所动。

曾先生告诉刘女士，他们并没有领取结婚证，因此他们之间不存在法律上的婚姻关系。曾先生很快和女同事办理了结婚登记。曾先生仅给刘女士留下一套用来居住的房子和少量生活费，这些相比较于他的全部财产，只是很小的一部分。

刘女士感到难以接受，自己明明是丈夫明媒正娶的妻子，并且两人一起生活了二十多年，还育有一子，怎么会没有形成婚姻关系呢？

第一章　结婚与离婚

于是，刘女士咨询了律师，并请了代理律师同曾先生进行谈判。律师表示，由于刘女士的结婚时间是 1992 年，在《婚姻登记管理条例》公布实施以前，因此她与曾先生的婚姻应该界定为事实婚姻。按照相关规定，曾先生要想和其他人结婚，必须先和刘女士解除现在的事实婚姻，并且给刘女士分割一半夫妻共同财产。同时，曾先生在与刘女士解除婚姻关系之前，与女同事领取结婚证，已构成重婚罪；那位女同事如果已对曾先生的婚姻状况知情，那么也同样构成重婚罪。

分析解读

2020 年 12 月 29 日公布的《最高人民法院关于适用〈中华人民共和国民法典〉婚姻家庭编的解释（一）》规定，1994 年 2 月 1 日民政部《婚姻登记管理条例》公布实施以前，男女双方已经符合结婚实质的按事实婚姻处理。

刘女士和曾先生的婚姻符合婚姻实质的条件，应界定为事实婚姻，事实婚姻关系具有婚姻的效力。凡认定为事实婚姻关系的，实际是确认其为合法有效婚姻关系，双方当事人的关系适用民法典中有关夫妻权利义务的规定，其中就包括夫妻共同财产的规定。

可见这个时间点很重要，假如刘女士和曾先生在 1994 年 2 月 1 日以后结婚，那么他们之间就不能认定为事实婚姻关系，只能是同居关系了。而同居关系不受法律保护，刘女士也就不能要求分割婚姻中应该算夫妻共同财产的财产。

值得注意的一个问题是：在没有结婚登记的前提下，如果婚姻中夫妻感情出了问题，手中掌控财产较多的一方往往不会同意去补办结婚登记，弱势的一方想要维护自己的利益就特别困难。

所以，当两个人决定结婚时，一定要重视办理结婚登记这个环节。只有经过婚姻登记机关依法登记的婚姻，才是合法有效的。订婚、结婚典礼等仪式是民间婚俗而不是结婚的必经程序，由男女双方自愿订立的婚约并没有法律约束力。

法条援引

《中华人民共和国民法典》

第一千零四十九条 要求结婚的男女双方应当亲自到婚姻登记机关申请结婚登记。符合本法规定的，予以登记，发给结婚证。完成结婚登记，即确立婚姻关系。未办理结婚登记的，应当补办登记。

《最高人民法院关于适用〈中华人民共和国民法典〉婚姻家庭编的解释（一）》

第三条 当事人提起诉讼仅请求解除同居关系的，人民法院不予受理；已经受理的，裁定驳回起诉。

第七条 未依据民法典第一千零四十九条规定办理结婚登记而以夫妻名义共同生活的男女，提起诉讼要求离婚的，应当区别对待：

（一）1994年2月1日民政部《婚姻登记管理条例》公布实施以前，男女双方已经符合结婚实质要件的，按事实婚姻处理。

（二）1994年2月1日民政部《婚姻登记管理条例》公布实施以后，男女双方符合结婚实质要件的，人民法院应当告知其补办结婚登记。未补办结婚登记的，依据本解释第三条规定处理。

订婚收了彩礼，婚没结成彩礼可以要回来吗？

经典案例

2019 年，刘先生和王女士在老家通过相亲认识并相恋，两人于 2020 年 3 月举办订婚仪式，双方约定于年底结婚。同时，刘先生向王女士及其家人支付了 6.8 万元彩礼。

订婚后，两人一同去到大城市里工作，并且租房开始了同居生活。然而一起生活了 6 个月后，两人因结婚仪式等事宜产生矛盾，刘先生提出分手，并要求王女士归还订婚时支付的彩礼，遭到王女士的拒绝。

王女士感到十分委屈，对于这份感情，她已无心挽回，面对刘先生提出的归还全部彩礼的要求，也感到难以接受。她认为是刘先生主动提出解除婚约的，错在刘先生，因此刘先生不应该要回彩礼。另外，在同居的这段时间里，王女士支付了房租及二人的日常生活开支共计 3.8 万元。

因双方未能就彩礼的退还金额达成协议，刘先生向法院提起了诉讼。法院经审理认为，刘先生支付给王女士的彩礼是以缔结婚约为目的的，现在二人因结婚事宜产生矛盾，自愿解除婚约，因此刘先生要求返还彩礼的请求符合最高人民法院相关司法解释的规定。

但考虑到二人同居期间的日常生活花费，酌定从彩礼中扣除1.2万元。最终，法院判决王女士返还刘先生彩礼5.6万元。

对此判决，王女士不服，她收集了部分二人在同居期间的生活花费凭证，证明同居期间二人的生活花费是从彩礼中扣除的。同时，王女士认为法律支持退还彩礼的本意在于惩罚恶意逃婚的不诚信行为，但她并没有悔婚，而是刘先生不愿与其结婚。王女士重新提起上诉。最终，二审法院结合案情予以改判，王女士最终返还刘先生彩礼3.4万元。

分析解读

两个人在相爱时，不分你我，海誓山盟，畅想未来生活一片大好，但是一旦感情出现问题，牵扯到财产分割及贵重礼物赠予时，两个人就很容易因为钱财、情债互不相让，从而引发矛盾，因此提前了解国家对婚姻家庭的法律规定非常有必要。

彩礼是旧时延续下来的婚俗，是指男方在婚姻约定初步达成时向女方赠送的聘金、聘礼，以缔结婚约为目的。我国的法律针对禁止买卖婚姻或者禁止借婚礼索取财物作出了规定，对于送彩礼虽然不提倡，但也没有明确禁止。

习俗上，如果是女方收受彩礼后反悔，那么需要退还彩礼；而如果是男方反悔，则不需要退还。但是法律不等同于习俗。本案例中刘先生率先提出分手，所以王女士认为刘先生是过错方，彩礼应作为补偿，不需要退还。这样的行为是缺乏法律依据的。刘先生与王女士没有进行结婚登记，婚姻关系并没有生效，由此收受彩礼的行为违背了双方当初约定结婚的本意，彩礼理应予以退还。同时，择偶应是基于个人自由意志的选择，择偶成功或失败，均应情感自负，不存在财产性权益。

也有一些未办理结婚登记，但是可以不退或少退彩礼的情况，比如同居时致使女方怀孕、流产或生育子女等，需要根据具体情况来裁定。

法条援引

《最高人民法院关于适用〈中华人民共和国民法典〉婚姻家庭编的解释（一）》

第五条 当事人请求返还按照习俗给付的彩礼的，如果查明属于以下情形，人民法院应当予以支持：

（一）双方未办理结婚登记手续；

（二）双方办理结婚登记手续但确未共同生活；

（三）婚前给付并导致给付人生活困难。

适用前款第二项、第三项的规定，应当以双方离婚为条件。

《中华人民共和国民法典》

第一千零四十二条 禁止包办、买卖婚姻和其他干涉婚姻自由的行为。禁止借婚姻索取财物。

禁止重婚。禁止有配偶者与他人同居。

禁止家庭暴力。禁止家庭成员间的虐待和遗弃。

👤 父母为子女出资买房，子女离婚时该如何进行分配？

王女士与季先生于3年前结婚。在婚后相处过程中，发现彼此感情不和，于是双方决定离婚。但是办理离婚时，二人在房产分割上遇到了问题。

这套房产是王女士与季先生婚后购买的，首付共计50万元，其中包括季先生父母出资的30万元，王女士婚前所得的彩礼10万元（季先生父母给予）以及王女士与季先生二人的共同存款10万元。房产登记在季先生和王女士二人名下，房贷由二人共同偿还。

季先生认为，该套房首付中由自己父母出资的30万元是赠与其个人的，离婚时不应参与夫妻共同财产分割。他主张在离婚进行财产分配时，应该将房产所售款项减去这30万元，再与王女士进行分割。王女士认为季先生的主张没有道理，应该对该房产所售款项进行平均分割。

法院经审理认为，季先生父母为双方购置房屋出资时，并没有出具赠与或借贷合同，因此不能证明是其赠与季先生个人的。最终，法院驳回了季先生的诉讼主张，认为该出资系男方父母对季先生与王女士双方的赠与，离婚时应由双方共同分割该房产。

第一章 结婚与离婚

11

分析解读

子女结婚，双方父母为其买房提供资助，是普遍存在的一种现象。那么这种出资行为在法律上是算赠与给双方共同所有还是仅赠与给自己子女呢？司法实践中，对于父母为子女购房出资的性质及婚房归属，会根据具体案情来认定。

如果是在子女结婚前，父母为双方购置房屋出资，除非明确表示赠与双方外，一般认定是对自己子女个人的赠与，为子女婚前的个人财产；如果结婚后，父母出资为双方购置房屋，有约定的依照约定处理，没有约定的则按照民法典第一千零六十二条第一款第四项规定，视为对夫妻双方的赠与，为夫妻共同财产。这里所说的"明确表示赠与"或约定需要有书面协议，最好经过公证，否则在可能发生的离婚诉讼中会有举证不能的不利后果。

在本案例中，季先生父母因季先生夫妻买房而出资的 30 万元，在法律上属于一种赠与行为，除非季先生父母在出资时明确表示赠与或借贷给季先生个人，否则应当认定为是对季先生和王女士二人的赠与。购房款中，王女士婚前所得的 10 万元彩礼，如当初无特殊的约定，即为夫妻共同财产，一般情况下也应该夫妻均分。

男女双方共同出资，婚后买房，房产证有两个人的名字，但出资比例不同，如果没有特殊约定，离婚时房产也由双方平均进行分割。

综上分析，季先生和王女士名下的房屋是夫妻共同财产，离婚时应由双方共同分割。

《中华人民共和国民法典》

第一千零六十二条　夫妻在婚姻关系存续期间所得的下列财产，为夫妻的共同财产，归夫妻共同所有：

（一）工资、奖金、劳务报酬；

（二）生产、经营、投资的收益；

（三）知识产权的收益；

（四）继承或者受赠的财产，但是本法第一千零六十三条第三项规定的除外；

（五）其他应当归共同所有的财产。

夫妻对共同财产，有平等的处理权。

第一千零六十五条　男女双方可以约定婚姻关系存续期间所得的财产以及婚前财产归各自所有、共同所有或者部分各自所有、部分共同所有。约定应当采用书面形式。没有约定或者约定不明确的，适用本法第一千零六十二条、第一千零六十三条的规定。

夫妻对婚姻关系存续期间所得的财产以及婚前财产的约定，对双方具有法律约束力。

夫妻对婚姻关系存续期间所得的财产约定归各自所有，夫或者妻一方对外所负的债务，相对人知道该约定的，以夫或者妻一方的个人财产清偿。

第一千零八十七条　离婚时，夫妻的共同财产由双方协议处理；协议不成的，由人民法院根据财产的具体情况，按照照顾子女、女方和无过错方权益的原则判决。

第一章　结婚与离婚

对夫或者妻在家庭土地承包经营中享有的权益等，应当依法予以保护。

👤 夫妻之间订立的"忠诚协议"有效吗?

经典案例

张先生与陈女士于 2016 年登记结婚并生有一个女儿。婚后，张先生与罗女士长期存在不正当交往，并造成罗女士两次怀孕并人工流产。

2019 年 7 月，陈女士与张先生签订《婚内忠诚协议》，约定今后双方互相忠诚，如因一方有过错行为，如婚外情等造成离婚，过错方将放弃夫妻名下所有的共同财产，净身出户并且赔偿另一方精神损失费 10 万元，同时放弃女儿的抚养权，将女儿交由无过错方抚养。

签订协议后，张先生仍旧与罗女士交往，并造成罗女士于2021 年 10 月产下一子。张先生诉至法院要求与陈女士离婚。陈女士同意离婚，但要求张先生履行双方当初签订的《婚内忠诚协议》约定的内容。张先生不同意。

法院经审理认为，张先生与陈女士间夫妻感情确已破裂，应准予离婚。《婚内忠诚协议》中，关于女儿抚养权的约定因涉及身份关系，应属无效；关于财产分割及经济补偿的约定缺乏法律依据。

但是考虑到张先生在婚姻中存在明显重大过错行为等因素，法院最终判决女儿抚养权归陈女士，陈女士分得夫妻共同财产的 70%。

一审判决后，张先生、陈女士均提起上诉，二审法院驳回上诉，维持原判。

分析解读

对于情节还未达到重婚或与他人同居等严重程度情况的过错方该如何承担责任，法律并没有作具体规定，但是法律也没有明文禁止当事人自行约定。

夫妻忠实义务是婚姻关系最本质的要求，是关系到婚姻关系是否稳定的关键。对于"忠诚协议"在夫妻忠实义务履行中的作用，需要有以下认识：

首先，夫妻忠诚协议实质上属于情感、道德范畴，目的是约束双方行为，如果违反了协议的一方自愿履行协议内容，为自己的错误行为付出代价，双方好聚好散，自然是很好的结果，但是如果过错方不愿履行协议，也不应强迫其履行。

其次，一方面，夫妻忠诚协议的实质是对民法典中抽象的夫妻忠实责任的具体化，符合民法典的精神和原则；另一方面，如果法律支持夫妻之间签订忠诚协议，会引发一系列的负面效果，如为找出过错方违反忠诚协议的行为证据，造成无过错方不得不作出跟踪、窃听电话等侵犯个人隐私权的行为。

最后，忠诚协议不具有强制执行力，不能以此作为分割夫妻共同财产或确定子女抚养权归属的依据。最高人民法院在《中华人民共和国民法典婚姻家庭编继承编理解与适用》一书中明确：夫妻之间签订忠诚协议，应由当事人本着诚信原则自觉自愿履行，法律并不禁止夫妻之间签订此类协议，但也不赋予此类协议强制执行力，从整体社会效果考虑，法院对夫妻之间的忠诚协议纠纷以不受理为宜。婚姻的维系需要夫妻双方互相忠诚、互相尊重，仅靠签订一纸协议很难达到约束对方的目的。在一方有重大过错并有悔意时，另一方如果不想立即离婚，可以与其签订《婚内财产协议》，在协议中根据法律规定对夫妻双方的财产和债务进行约定与划分。这种协议中不会出现过多的违约责任和惩罚条款，相对来说比较有效。

在本案例中，张先生的出轨行为严重违背了夫妻间的忠诚义务，摧毁了夫妻间的信任，伤害了陈女士的感情，属于民法典中规定的"其他重大过错"行为。因此法院在夫妻共同财产分割中对陈女士酌情予以了照顾。

法条援引

《中华人民共和国民法典》

第四百六十四条 合同是民事主体之间设立、变更、终止民事法律关系的协议。

婚姻、收养、监护等有关身份关系的协议，适用有关该身份关系的法律规定；没有规定的，可以根据其性质参照适用本编规定。

第一千零四十三条 家庭应当树立优良家风，弘扬家庭美德，重视家庭文明建设。

夫妻应当互相忠实，互相尊重，互相关爱；家庭成员应当敬老爱幼，互相帮助，维护平等、和睦、文明的婚姻家庭关系。

👤 妻子出轨并怀孕，丈夫有权提出离婚吗？

经典案例

韩先生与宋女士在办理好结婚登记后才开始生活在一起。共同生活只有不到一个月的时间，宋女士的身体就表现出早孕的症状，于是韩先生带宋女士去医院妇产科进行检查，结果显示宋女士已怀孕3个月以上。韩先生确定妻子腹中所怀的孩子并非自己的，经过再三追问，宋女士最终承认了自己在婚前与前男友发生过性行为。

韩先生苦恼于自己的感情被欺骗，愤怒地提出与妻子离婚，但宋女士不同意。于是韩先生向法院起诉离婚，不料竟被驳回了诉讼请求。

法院经审理认为，韩先生与宋女士领取了结婚证，双方已经形成了法律上的夫妻关系，女方在怀孕期间、分娩后一年内和终止妊娠后六个月内，男方不得提出离婚。

分析解读

男女双方在结婚登记前进行婚前检查很有必要，通过婚检可以及时发现男女双方身体可能存在的问题。结婚时不要因为怕麻烦就忽略这一步骤。

第一章 结婚与离婚

无论是恋爱期间还是婚后的出轨，都会破坏男女双方的感情，甚至成为双方感情破裂的导火索。

法律规定男方在女方怀孕期间、分娩后一年内和终止妊娠后六个月内不可以单方面提出离婚，这是出于对妇女、胎儿和婴儿的特殊保护。因为在这段时间内，女方身心比较虚弱，如果男方此时提出离婚，则会对女方的身心健康和胎儿、婴儿的健康都产生极为不利的影响。

同时，本案中宋女士是在婚前与他人发生性关系造成怀孕的。从法律上讲，结婚登记前婚姻关系还未建立，男女双方还未产生互相忠实的法律义务。《最高人民法院关于女方因通奸怀孕男方能否提出离婚的批复》中指出，男女一方婚前与他人发生性行为，应该与婚后通奸行为加以区别，一般不能作为对方提出离婚的理由。所以，法院驳回了韩先生的离婚诉求。

如果男方在婚后发现孩子不是自己亲生的，可以待孩子出生后以亲子鉴定等证据举证，从而申请离婚，同时可以提出附带民事赔偿的要求，要求女方赔偿男方精神损失费用和生活费，以及对于孩子的抚养费用等。

在特殊条件下，出于对男女双方利益的综合考虑，法律允许男方在女方生育期间提出离婚。这些情况主要有：

1.女方怀孕系婚后与他人通奸所致；

2.女方小产后，身体健康已恢复；

3.男方受虐待，不堪忍受的；

4.一方对他方有危害生命、人身安全等情形的。

《中华人民共和国民法典》

第一千零七十九条 夫妻一方要求离婚的，可以由有关组织进行调解或者直接向人民法院提起离婚诉讼。

人民法院审理离婚案件，应当进行调解；如果感情确已破裂，调解无效的，应当准予离婚。

有下列情形之一，调解无效的，应当准予离婚：

（一）重婚或者与他人同居；

（二）实施家庭暴力或者虐待、遗弃家庭成员；

（三）有赌博、吸毒等恶习屡教不改；

（四）因感情不和分居满二年；

（五）其他导致夫妻感情破裂的情形。

一方被宣告失踪，另一方提起离婚诉讼的，应当准予离婚。

经人民法院判决不准离婚后，双方又分居满一年，一方再次提起离婚诉讼的，应当准予离婚。

第一千零八十二条 女方在怀孕期间、分娩后一年内或者终止妊娠后六个月内，男方不得提出离婚；但是，女方提出离婚或者人民法院认为确有必要受理男方离婚请求的除外。

婚后怎样的情形才属于"夫妻感情确已破裂"？

经典案例

李先生和余女士婚后创业，将生意越做越大。公司经营到一定阶段后，夫妻二人在生活理念及公司业务发展等方面产生严重分歧。2017年，两人在公司里因业务问题爆发了激烈的争吵。这次事件让李先生在下属面前颜面扫地，李先生非常生气，就同余女士开始了长达两年半的分居生活。

2019年，李先生向法院提起离婚诉讼，他认为他和余女士因感情不和而分居满两年半，他们之间的夫妻感情已经破裂，主张离婚。

但是余女士却持有不同的看法。她列举了两件事实作为证据，一件是自己生日当天李先生给自己赠送红酒、鲜花作为生日礼物；另一件是李先生将从老家带回的土特产分了一部分送给余女士。余女士认为列举出的这些证据足以证明他们夫妻的感情没有破裂，不同意离婚。由于李先生提供的证据不能证明其主张的"因感情不和而分居满两年半"，法院不予采信，认为两人的关系还可以通过加强沟通得以缓和，驳回了李先生离婚的主张。

判决书生效后，李先生和余女士的关系并没有得到改善，继续分居生活。一年后，李先生重新收集证据，对余女士再次提起离婚诉讼。法院最终判决，李先生与余女士因生活琐事及事业发展产生矛盾，且李先生多次起诉离婚，夫妻感情确已破裂，现双方均同意离婚，法院准予离婚。

分析解读

我国法律规定，夫妻双方相处产生矛盾，一方不愿意离婚的，另一方可以直接向人民法院提出离婚诉讼。对于初次起诉的离婚案件，法官本着维护婚姻家庭稳定的原则，一般判决不准予离婚。夫妻双方持续分居满一年后，一方再次起诉离婚，说明当事人在适当期限内经过考虑后，仍不打算维持婚姻关系，夫妻感情已无挽回机会，此时法院通常会判决准予双方离婚。

夫妻感情破裂是法院判决离婚的依据。判定夫妻感情是否破裂，并不由婚姻中某一方当事人或亲戚朋友说了算，而是由法官按照法律依据和双方当事人提供的证据来进行裁定。

在本案例中，李先生提起离婚诉讼，需要拿出证据来证明夫妻因感情不和导致分居满一年，这个证据可以是一方在外居住的房屋租赁合同、双方签订的夫妻分居书面协议、一方向另一方发出的分居文书等。这一年的分居，不能是断断续续的，也不能是生病、工作、学习等原因导致的"被动分居"，必须是因夫妻感情破裂导致的连续一年分居。

法条援引

《中华人民共和国民法典》

第一千零七十九条 夫妻一方要求离婚的，可以由有关组织进行调解或者直接向人民法院提起离婚诉讼。

人民法院审理离婚案件，应当进行调解；如果感情确已破裂，调解无效的，应当准予离婚。

有下列情形之一，调解无效的，应当准予离婚：

（一）重婚或者与他人同居；

（二）实施家庭暴力或者虐待、遗弃家庭成员；

（三）有赌博、吸毒等恶习屡教不改；

（四）因感情不和分居满二年；

（五）其他导致夫妻感情破裂的情形。

一方被宣告失踪，另一方提起离婚诉讼的，应当准予离婚。

经人民法院判决不准离婚后，双方又分居满一年，一方再次提起离婚诉讼的，应当准予离婚。

妻子终止妊娠是否侵犯丈夫生育权？

经典案例

2021年10月，曾先生与赵女士通过工作认识并相恋。两个月后，赵女士怀孕，去医院检查后，发现怀孕并发子宫肌瘤。2022年1月，曾先生与赵女士办理了结婚登记。

但是在2022年2月，曾先生与赵女士之间因各种生活琐事矛盾频发，经常吵架，于是二人分居。此时，赵女士要求与曾先生离婚，并且终止妊娠，但是曾先生不同意，希望赵女士能将孩子生下来，待孩子出生后再考虑离婚。

赵女士在丈夫不知情的情况下，去医院做了终止妊娠的手术，并向法院提起离婚诉讼。经法院主持调解，曾先生与赵女士因双方感情不和，自愿离婚。

曾先生对赵女士在自己不知情的情况下终止妊娠感到非常生气，于是将赵女士起诉至法院，主张赵女士腹中的胎儿为两人共同所有，赵女士在婚姻存续期间终止妊娠的行为侵犯了自己的生育权，对自己造成了严重的精神伤害，要求赵女士赔偿精神损害抚慰金1万元。

法院经审理认为，赵女士在夫妻感情不和、即将办理离婚的情况下终止妊娠，具有正当理由，不属于擅自终止妊娠。另外，赵女士在妊娠时并发子宫肌瘤，考虑到身体原因，也可以终止妊娠。因此，赵女士没有侵犯曾先生的生育权，故其索要精神损害抚慰金无事实及法律依据。法院依法判决驳回了曾先生的诉讼请求。

分析解读

无论是男方还是女方，都享有生育孩子的权利。生育权是一种带有自然属性的权利，属于公民的基本人权。从法律规定的人人平等的角度看，男性和女性所享有的生育权是一致的，也是平等的，包括依法生育权、不生育权、获得避孕和节育服务权、生命健康权、人身安全保障权、人格尊严权、产期休假权、享受生育社会保险待遇权。

在夫妻双方因生育权冲突时，男方不得违背女方意愿主张其权利，即一方生育权利的实现不得妨碍另一方的生育权利。

结合本案例，在夫妻感情不和且怀孕并发其他疾病的情况下，赵女士擅自进行流产手术，终止妊娠，这一行为并没有侵犯丈夫的生育权。虽然男女双方享有的生育权平等一致，但男女生育权实现的条件不同。对于女性来说，生育权的实现属于自身的人身权；对于男性来说，生育权的实现只能依赖于妻子，只有与妻子协商一致时，才能共同行使这一权利。

从生理上讲，自然生育的过程是由妇女承担完成，妇女应当享有生育的最后决定权。如果妻子不愿意生育，那么丈夫不得以其生育权受到侵害为由强迫妻子生育。从社会层面上讲，在抚育孩子时妻子承担了更多的艰辛与风险，当丈夫和妻子的生育权发生冲突时，丈夫理应更多地保护妻子的人身权利。

在男方坚持要孩子而女方不愿生育的情况下，如果由男方做主，就意味着丈夫享有对妻子身体和意志的强制权，这将导致以女性人身自由的丧失和身心被摧残为代价。因此，更多地赋权于女性，既是对妇女的人文关怀和特殊保护，也是法律公正的体现。

法条援引

《最高人民法院关于适用〈中华人民共和国民法典〉婚姻家庭编的解释（一）》

第二十三条 夫以妻擅自中止妊娠侵犯其生育权为由请求损害赔偿的，人民法院不予支持；夫妻双方因是否生育发生纠纷，致使感情确已破裂，一方请求离婚的，人民法院经调解无效，应依照民法典第一千零七十九条第三款第五项的规定处理。

《中华人民共和国民法典》

第一千零七十九条 夫妻一方要求离婚的，可以由有关组织进行调解或者直接向人民法院提起离婚诉讼。

人民法院审理离婚案件，应当进行调解；如果感情确已破裂，调解无效的，应当准予离婚。

有下列情形之一，调解无效的，应当准予离婚：

（一）重婚或者与他人同居；

（二）实施家庭暴力或者虐待、遗弃家庭成员；

（三）有赌博、吸毒等恶习屡教不改；

（四）因感情不和分居满二年；

（五）其他导致夫妻感情破裂的情形。

一方被宣告失踪，另一方提起离婚诉讼的，应当准予离婚。

经人民法院判决不准离婚后，双方又分居满一年，一方再次提起离婚诉讼的，应当准予离婚。

《中华人民共和国妇女权益保障法》

第二十一条 妇女的生命权、身体权、健康权不受侵犯。禁止虐待、遗弃、残害、买卖以及其他侵害女性生命健康权益的行为。

禁止进行非医学需要的胎儿性别鉴定和选择性别的人工终止妊娠。

医疗机构施行生育手术、特殊检查或者特殊治疗时，应当征得妇女本人同意；在妇女与其家属或者关系人意见不一致时，应当尊重妇女本人意愿。

离婚之初约定独自抚养孩子，此后还能向对方索要抚养费吗？

经典案例

小萌的父母在 2015 年 7 月经法院调解离婚。调解协议中约定小萌随母亲李女士生活，由李女士独自抚养孩子，不要求男方支付抚养费。在父母离婚后的 7 年时间里，小萌的生活费、教育费等一直由李女士个人承担。

到了 2022 年，小萌上了高中，生活开支和教育费用大幅度增加，仅凭李女士的个人收入难以维持。因此，2022 年 9 月，李女士以改善小萌的生活和教育条件为由，将小萌的父亲万先生诉至法院，要求万先生按每月 2000 元支付自 2015 年 7 月至小萌年满 18 周岁的抚养费。

庭审中，被告万先生拿出他与李女士的《离婚协议书》，并向法官解释："按照当初的约定，小萌由母亲抚养，我不负担女儿的抚养费，应当按照协议履行。"同时万先生还表示每月支付 2000 元抚养费的要求过高，作为小萌的父亲，同意每月支付部分抚养费。

法院经审理查明，小萌的父母在 2015 年经法院调解离婚，约定李女士个人承担小萌的抚养费，是双方自愿达成的协议内容，这个规定是合法有效的，因此，对于李女士要求万先生支付 2015 年 7 月至小萌年满 18 周岁的抚养费没有法律依据，不予支持。但是，考虑到随着小萌年龄的增长，抚育开支增加，而李女士也再婚并育有一子，同意以小萌出现新事由为依据，以改善生活状况为由，要求其父亲万先生支付 2022 年 9 月至小萌年满 18 周岁的抚养费，考虑到万先生的收入等情况，判决万先生在此期间每月支付小萌抚养费 1000 元。

分析解读

有些离婚案件的当事人为争夺子女的抚养权或希望对方尽快同意离婚，在离婚时会自愿降低或者放弃子女抚养费，在取得子女抚养权后再以子女名义重新起诉，要求对方支付抚养费。在这种情况下，调解协议作为夫妻双方在离婚时对离婚相关事项自愿达成的约定，是双方的真实意思表示，是合法有效的，当事人双方均应遵从民事调解协议对双方权利义务的约定。若轻易变更，将有损法律的权威性和公信力，也违背我国法律规定的诚实信用原则。

法律上规定夫妻双方对子女都有抚养义务。若是孩子的抚养方家庭、工作等情况发生了重大变化，或者孩子后期教育、医疗、生活等所需费用增加，此时可以子女的名义提起诉讼，要求对抚养费的数额及支付方式作出相应调整，保障子女所需。

此外，夫妻双方在签订离婚协议时应慎重考虑，对子女的抚养应充分考虑子女的利益，作出有利于子女健康成长的抚养权及抚养费约定，不要作出超出自己能力范围的承诺，避免引起纠纷。

法条援引

《中华人民共和国民法典》

第一千零八十四条 父母与子女间的关系，不因父母离婚而消除。离婚后，子女无论由父或者母直接抚养，仍是父母双方的子女。

离婚后，父母对于子女仍有抚养、教育、保护的权利和义务。

离婚后，不满两周岁的子女，以由母亲直接抚养为原则。已满两周岁的子女，父母双方对抚养问题协议不成的，由人民法院根据双方的具体情况，按照最有利于未成年子女的原则判决。子女已满八周岁的，应当尊重其真实意愿。

第一千零八十五条 离婚后，子女由一方直接抚养的，另一方应当负担部分或者全部抚养费。负担费用的多少和期限的长短，由双方协议；协议不成的，由人民法院判决。

前款规定的协议或者判决，不妨碍子女在必要时向父母任何一方提出超过协议或者判决原定数额的合理要求。

夫妻一方私自出售共同共有房屋，另一方如何维权？

经典案例

张先生和王女士为夫妻关系，二人于 2019 年在北京购买了一套房产，登记在王女士一人名下。结婚初期张先生和王女士感情很好。在张先生因工作调动去了上海后，王女士依旧留在北京居住，双方聚少离多，加之沟通不畅，最终感情破裂。

2020年12月，王女士在张先生不知情的情况下将北京的房产经中介出售给刘某，双方约定房屋售价600余万元。刘某支付了全部款项并办理了过户登记手续，售房款现在王女士手中。

张先生得知这件事情后，并不同意王女士的做法，他认为房屋为两人共同所有，王女士卖房时并没有征得他的同意。于是，张先生对王女士和刘某提起诉讼，主张确认王女士和刘某签订的房屋买卖合同无效并追回该房屋。

最终，法院经过审理决定，认定刘某从王女士手中购房为善意购买、支付了合理对价并已办理了不动产登记，因此张先生无权追回该房屋。

2021年5月，张先生向法院提起离婚诉讼并要求王女士赔偿损失。法院经审议判决，张先生与王女士解除婚姻关系，两人共同分割王女士之前所售房屋所得的房款。

分析解读

夫妻中一方不经另一方同意，私自出售共有房屋，这种情况比较多见于离婚阶段的夫妻。《最高人民法院关于适用〈中华人民共和国民法典〉婚姻家庭编的解释（一）》规定了关于夫妻共同共有房屋的出售问题。在司法实践中，很多实质上由夫妻双方共同共有的房屋登记在了夫妻中一方名下，但是登记在谁名下，不代表房屋就归谁个人所有。只要是在夫妻关系存续期间用共同财产购买的，房屋就属于夫妻双方共有的财产，是否在房屋产权证书上加上另一方的名字，对双方的权利义务没有影响。

针对夫妻共同共有房屋，房屋产权证书上登记的权利人有三种情况：夫妻双方、夫妻中的一方及另一方。结合本案例，该房屋登记在王女士名下，可判定刘某为善意购买。反之，如果该房屋当初是登记在张先生和王女士共同的名下或者仅登记在张先生名下，王女士未经张先生同意将房屋出售给刘某，那么刘某就不构成善意购买。另外，处在夫妻感情破灭阶段的王女士若将房屋出售给自己的父母、兄弟姐妹等近亲，法院通常会认定买受人非善意取得不动产，张先生可以请求确认买卖合同无效。

善意取得的前提是有偿交易，同时要售价合理，与市场同类房屋差价不悬殊。若对对价有争议，也可以将房屋交由第三方估价机构进行估价，只要与售价不存在明显差异，即可认定实际支付的对价合理。

《中华人民共和国民法典》第二百二十条规定了不动产更正登记和异议登记，真实权利人可以提前向房产登记管理部门申请更正登记和异议登记，避免第三人善意取得房屋所有权而遭受不必要的损失。

法条援引

《最高人民法院关于适用〈中华人民共和国民法典〉婚姻家庭编的解释（一）》

第二十八条 一方未经另一方同意出售夫妻共同所有的房屋，第三人善意购买、支付合理对价并已办理不动产登记，另一方主张追回该房屋的，人民法院不予支持。

夫妻一方擅自处分共同所有的房屋造成另一方损失，离婚时另一方请求赔偿损失的，人民法院应予支持。

《中华人民共和国民法典》

第二百二十条　权利人、利害关系人认为不动产登记簿记载的事项错误的，可以申请更正登记。不动产登记簿记载的权利人书面同意更正或者有证据证明登记确有错误的，登记机构应当予以更正。

不动产登记簿记载的权利人不同意更正的，利害关系人可以申请异议登记。登记机构予以异议登记，申请人自异议登记之日起十五日内不提起诉讼的，异议登记失效。异议登记不当，造成权利人损害的，权利人可以向申请人请求损害赔偿。

👤 假离婚会带来哪些法律后果？

经典案例

黄先生与李女士本是一对夫妻，他们一起在北京经营了多年生意。房价涨势良好之际，他们计划利用手里的一笔钱另外购置一套房产。

由于政府推行的房产限购政策，如果他们直接购买第二套房，那么首付和贷款利率都会较高。为了规避一系列限购和贷款政策，他们决定办理假离婚。

在办理离婚登记当日，二人即签订了《离婚协议》，约定双方自愿离婚，黄先生名下的店铺及相关设施均归黄先生所有，双方无其他夫妻共同财产，离婚后李女士需支付黄先生补偿款200万元整等。在该协议中，双方还承诺购房成功后复婚。

离婚一年以后，李女士以首套房资格成功购房，然而，此时黄先生却不同意与李女士复婚。

李女士向法院起诉，认为她与黄先生是为了购房而办理离婚，两人承诺购房后复婚，现在黄先生不同意复婚，属于欺诈行为；《离婚协议》中关于财产分配的约定应予撤销或认定无效。黄先生则辩称，《离婚协议》系双方真实意思表示，不存在欺诈、胁迫。

最终，法院根据双方的微信聊天记录、通话录音等，确认双方在离婚前多次讨论购房政策、贷款优惠条件及房屋置换方案，离婚后黄先生屡次提到"假离婚变成了真离婚""因为要买房子，必须要离婚"等，认定双方系为规避限购和贷款政策而办理离婚登记手续。

法院最终判决，虽然双方夫妻感情并非彻底破裂，但离婚涉及身份关系，不能回转。双方关于财产分割的约定，并非对离婚后财产分割的真实意思表示，故关于财产部分的约定无效，予以重新分割。

分析解读

近些年，"假离婚"的案件较多，有的是为了拆迁时多分得房产，还有的是为了逃避夫妻债务，也有的是为了买二套房、办理户口等。这种利用制度或政策上的漏洞来满足某种利益需求的行为，看似高明，实则是对婚姻的亵渎，同时还存在法律上的隐患。

对于本身感情不错的夫妻来说，"假离婚"的问题可能不会马上显露。但是如果夫妻中一方内心有积怨或见异思迁，利用"假结婚"的名头编造一些理由诱使对方同意离婚，接受不平等的财产分配方案，待目的达成后，又拒绝办理复婚手续，就会使另一方在感情或财产分割上受到损害，由此引发的矛盾甚至会导致严重的刑事案件。我们要充分认识到"假离婚"的危害，避免"假离婚"变成真离婚。

另外，通过假离婚骗取房屋贷款优惠的行为很难逃过银行风控部门的审查，万一交过购房定金后又办不了贷款，受损失的还是自己。

.... 法条援引 ....

《中华人民共和国民法典》

第一百四十六条 行为人与相对人以虚假的意思表示实施的民事法律行为无效。

以虚假的意思表示隐藏的民事法律行为的效力，依照有关法律规定处理。

第一百四十八条 一方以欺诈手段，使对方在违背真实意思的情况下实施的民事法律行为，受欺诈方有权请求人民法院或者仲裁机构予以撤销。

第一千零四十六条 结婚应当男女双方完全自愿，禁止任何一方对另一方加以强迫，禁止任何组织或者个人加以干涉。

第一千零七十六条　夫妻双方自愿离婚的，应当签订书面离婚协议，并亲自到婚姻登记机关申请离婚登记。

离婚协议应当载明双方自愿离婚的意思表示和对子女抚养、财产以及债务处理等事项协商一致的意见。

赡养与抚养

父母财产分配不均，子女要平等地履行赡养义务吗？

经典案例

宋老太太现已是 86 岁高龄，丈夫和儿子均已去世，此外她还有三个女儿。宋老太太身体状况很不好，患有心脏病、肺气肿、腿骨折等疾病，长年生活不能自理，时刻需要人照顾，而宋老太太除了国家每月给付的 200 元养老金，并无其他收入来源。随着物价上涨，这 200 元养老金远远不能满足宋老太太的日常生活及医疗需求。

宋老太太自丈夫去世后，一直都是由二女儿和三女儿轮流照顾，并且共同负担宋老太太的生活支出。大女儿以未分得父母财产为理由拒不分担宋老太太的生活费用。

宋老太太要求大女儿与另两个女儿共同分担赡养费用，于是向法律援助中心寻求帮助。律师告知宋老太太，虽然只有大女儿不尽赡养义务，但根据法律规定，不能只告不孝顺的子女，必须把二女儿和三女儿一起列为被告起诉。在律师的指导下，宋老太太向法院提起诉讼。

法院经审理认为，根据法律规定子女对父母有赡养扶助的义务，子女不履行赡养义务时，无劳动力或生活困难的父母，有要求子女给付赡养费的权利。不论父母将自己的财产如何分配，所有子女都有赡养义务，不能因为得不到财产而不履行赡养义务。最终法院判决三个女儿每月分别付给宋老太太赡养费400元，并共同分摊支付医疗费900元。

分析解读

在生育有多个子女的情况下，有的老人会对自己财产分配不均衡。这种情况可能会直接导致少分或没有分得财产的子女心存委屈和不满，并以此为由拒绝履行赡养老人的义务。但是从法律上讲，老人对自己合法所有的财产有支配权，任何人都无权干涉，子女如果因为财产分配不均而拒不履行赡养义务，情节比较严重者，有可能构成遗弃罪。

《中华人民共和国民法典》规定，子女对父母有赡养扶助的义务。至于赡养扶助父母的方式，可视具体情况而定，对于不在父母身边的子女，可定期支付一定数额的赡养费；与父母共同生活的子女还应当经常关心、照料父母的生活；当父母生病、生活不能自理时，子女除应分担为其治病所需的医药费、手术费、住院费等外，还应承担照顾、护理父母的义务。

从道德层面上讲，百善孝为先，赡养父母是中华民族的传统美德，也是子女对父母应尽的义务，子女不应以任何理由拒绝。同时，有多个子女的父母，在分配个人财产上，应尽量做到公平公正。如果想多分或少分财产给部分子女，应说明情况和理由，以理服人，合理行使自己分配个人财产的权利，最好不要使家庭成员间产生矛盾，避免子女在赡养问题上产生纠纷。

————————————(法条援引)————————————

《中华人民共和国老年人权益保障法》

第十四条 赡养人应当履行对老年人经济上供养、生活上照料和精神上慰藉的义务，照顾老年人的特殊需要。

赡养人是指老年人的子女以及其他依法负有赡养义务的人。

赡养人的配偶应当协助赡养人履行赡养义务。

第十五条 赡养人应当使患病的老年人及时得到治疗和护理；对经济困难的老年人，应当提供医疗费用。

对生活不能自理的老年人，赡养人应当承担照料责任；不能亲自照料的，可以按照老年人的意愿委托他人或者养老机构等照料。

第十九条 赡养人不得以放弃继承权或者其他理由，拒绝履行赡养义务。

赡养人不履行赡养义务，老年人有要求赡养人付给赡养费等权利。

赡养人不得要求老年人承担力不能及的劳动。

《中华人民共和国民法典》

第一千零六十七条 父母不履行抚养义务的，未成年子女或者不能独立生活的成年子女，有要求父母给付抚养费的权利。

成年子女不履行赡养义务的，缺乏劳动能力或者生活困难的父母，有要求成年子女给付赡养费的权利。

👤 再婚的老人，对方子女对自己是否具有赡养义务？

──────── 经典案例 ────────

焦大爷是一位退休干部，自老伴 3 年前去世后，他一直独居在家。焦大爷的儿子和女儿都已成年，在异地工作，只有节假日才能回家看望老人，焦大爷倍感孤独。

在一次老年活动中，焦大爷结识了同样丧偶的何阿姨，两人性格相和，也有相同的兴趣爱好，彼此产生了好感。接触了半年后，在朋友们的劝说下，焦大爷决定和子女商量，与何阿姨结婚。没料到，儿子和女儿听闻此事后立即表示反对，认为父亲这样做是对逝去的母亲不忠，会遭到他人笑话。

焦大爷深感无奈，经深思熟虑后，决定和何阿姨及双方子女一同商量，就财产分配、赡养及后事等问题进行探讨，形成大家都满意的方案。他们约定如下：

1. 在婚前进行财产公证，约定双方婚前财产所有权不变，对于焦大爷的房产和室内家具等生活物料，夫妻之间有使用权、管理权、维护权，没有所有权和处分权。

2. 约定双方婚前财产继承权不变，即谁的婚前财产由谁的子女继承。

第二章 赡养与抚养

3.双方亲子关系不变，对父母再婚的老伴，可称爸妈也可称叔或者阿姨；双方子女可以不赡养自己父母再婚的老伴；再婚后，子女只为自己的父母养老送终，妥善处理后事。

4.再婚后，焦大爷和何阿姨领取的退休金属于婚后形成的财产，由二人共同支配。

最终在律师的见证下，这些约定落实成法律上有效的书面文件，双方子女也终于同意焦大爷和何阿姨再婚。

分析解读

《中华人民共和国民法典》规定，公民有结婚的自由、也有离婚的自由，任何人不得阻拦、包办、胁迫、阻止公民的此项权利。子女应当尊重父母的婚姻权利，不得干涉父母再婚以及婚后的生活。因此，从法律上讲，焦大爷和何阿姨再婚，双方子女都没有任何理由进行阻拦。

子女对父母的赡养扶助的义务并不因老年人婚姻关系变化而消除，子女不可以以父母再婚为由，拒绝履行赡养义务。本案例中，焦大爷和何阿姨都已退休，且子女都已成年并参加工作，他们与对方子女之间不存在抚养关系，因此双方子女可以不赡养自己父母再婚的老伴，而是仅对自己父母有赡养义务。

对于再婚夫妻婚后所形成的财产，夫妻之间有相互继承的权利，而双方子女没有法定继承权，只有遗嘱继承权利。焦大爷和何阿姨可以在婚前就财产分配、赡养等问题各自签订遗嘱，如无新增约定，该遗嘱在婚后同样有效。

《中华人民共和国民法典》

第一千零六十二条 夫妻在婚姻关系存续期间所得的下列财产，为夫妻的共同财产，归夫妻共同所有：

（一）工资、奖金、劳务报酬；

（二）生产、经营、投资的收益；

（三）知识产权的收益；

（四）继承或者受赠的财产，但是本法第一千零六十三条第三项规定的除外；

（五）其他应当归共同所有的财产。

夫妻对共同财产，有平等的处理权。

第一千零六十三条 下列财产为夫妻一方的个人财产：

（一）一方的婚前财产；

（二）一方因受到人身损害获得的赔偿或者补偿；

（三）遗嘱或者赠与合同中确定只归一方的财产；

（四）一方专用的生活用品；

（五）其他应当归一方的财产。

第一千零六十九条 子女应当尊重父母的婚姻权利，不得干涉父母离婚、再婚以及婚后的生活。子女对父母的赡养义务，不因父母的婚姻关系变化而终止。

第一千零七十二条 继父母与继子女间，不得虐待或者歧视。

继父或者继母和受其抚养教育的继子女间的权利义务关系，适用本法关于父母子女关系的规定。

第二章 赡养与抚养

丧偶的儿媳或女婿是否要对老人承担赡养责任?

经典案例

吴大爷和郑老太太都已经 80 多岁，他们有两个儿子大成和小成。2009 年，大成在一次车祸中不幸去世，留下妻子杜女士和女儿小吴。

2012 年，吴大爷和郑老太太住房所在的区域拆迁，两人获得安置费共计 120 万元。小成和嫂子杜女士为解决老人今后住房和赡养问题，在社区的见证下与二位老人一同签订了《三方调解协议书》，约定 120 万元安置费中留下 40 万元作为吴大爷和郑老太太的生活费、医疗费等开支，其余的 80 万元由小成和杜女士平分。待回迁安置后，两位老人的生活和住宿由两家轮流负责 1 年。

2016 年回迁安置后，小成积极履行协议，但是杜女士却拒绝履行，导致两位老人无处可去。两位老人年事已高、疾病缠身，需要照护，与杜女士多次协商无果后，遂将杜女士告上法庭。

在庭审中，杜女士表示自己只是两位老人的儿媳，没有赡养的义务，当初分得的拆迁款已被老人的孙女小吴拿走，且小吴已成年。根据《中华人民共和国民法典》第一千零七十四条：有负担能力的孙子女、外孙子女，对于子女已经死亡或者子女无力赡养的祖父母、外祖父母，有赡养的义务。故大成的赡养义务应由小吴来承担。吴大爷和郑老太太的代理律师则表示，杜女士虽然为丧偶儿媳，但是签订了《三方调解协议书》，该协议书是三方的真实意思表示，且内容不违反法律的强制性规定，是合法有效的，对三方均具有法律约束力。既然杜女士已分得两位老人的拆迁安置款就应当履行相应义务，拒绝履行损害了吴大爷和郑老太太的合法权益。

最后经法官调解达成协议，杜女士自 2017 年起，每年于 12 月 30 日前支付吴大爷和郑老太太当年房租费用 1.2 万元。

分析解读

我国法律规定只有子女对父母有赡养扶助的义务，这里所说的子女包括亲生子女、非婚生子女、养子女或有抚养关系的继子女，而不包括儿媳、女婿，即法律没有规定儿媳对公婆、女婿对岳父母负有赡养义务。大成突发车祸去世，其妻子杜女士协助赡养的义务随之自动解除，所以吴大爷和郑老太太要求儿媳履行赡养义务的要求不被法律支持。

我国法律规定赡养人的配偶应当协助赡养人履行赡养义务。结合本案例，作为儿媳的杜女士如果念及情分，主动承担赡养公婆的责任，那将不失为一段佳话。但是杜女士拒绝履行赡养义务，这就属于道德问题，而不是法律问题。法律认可儿子去世后儿媳没有义务赡养老人，因此行为人不会受到法律惩罚。但是考虑到吴大爷和郑老太太以换取解决住房问题为条件，已将部分拆迁安置款分给儿媳杜女士，因此法官对双方进行了劝解，杜女士承诺为两位老人每年支付 1.2 万元的住房租金。

我国法律鼓励儿媳、女婿对配偶的父母进行赡养。若丧偶儿媳对公婆尽了主要赡养义务的，无论再嫁与否，都可依法获得法定继承权。同样，若丧偶女婿对岳父母尽了主要赡养义务，也可依法获得法定继承权。

我国法律也规定有负担能力的孙子女、外孙子女，对于子女已经死亡或者子女无力赡养的祖父母、外祖父母，有赡养的义务。对于履行赡养老人义务的纳税人，可以享受国家实施的赡养老人相关的退税政策。

法条援引

《中华人民共和国老年人权益保障法》

第十四条 赡养人应当履行对老年人经济上供养、生活上照料和精神上慰藉的义务，照顾老年人的特殊需要。

赡养人是指老年人的子女以及其他依法负有赡养义务的人。

赡养人的配偶应当协助赡养人履行赡养义务。

《中华人民共和国民法典》

第一千零七十四条 有负担能力的祖父母、外祖父母，对于父母已经死亡或者父母无力抚养的未成年孙子女、外孙子女，有抚养的义务。

有负担能力的孙子女、外孙子女，对于子女已经死亡或者子女无力赡养的祖父母、外祖父母，有赡养的义务。

第一千一百二十九条 丧偶儿媳对公婆，丧偶女婿对岳父母，尽了主要赡养义务的，作为第一顺序继承人。

👤 子女强占父母财产，父母该如何维权？

向大爷年近70岁，几乎丧失了劳动能力，自老伴去世后，疾病缠身，过得非常艰难。

向大爷有一个儿子向先生和一个女儿向女士。儿子向先生不但不尽赡养义务，而且还将向大爷2万元的拆迁补偿款和5亩承包地据为己有，更过分的是，向先生经常因为生活琐事殴打向大爷。向大爷忍无可忍，向当地的法律援助中心请求法律帮助。

2017年2月，在律师的帮助下，向大爷将儿女诉至法院，诉称向女士尽了赡养义务，但向先生没有尽赡养义务，请求向先生每月支付赡养费1000元，并归还自己的拆迁补偿款2万元和5亩承包地。

法院经审理最终判决，向先生自2017年2月起每月1日支付给向大爷赡养费360元，2017年2月的赡养费需在判决生效后十日内支付；向先生于判决生效后十日内返原告向大爷的拆迁补偿款2万元。

该案经向大爷所在的村巡回审判，向先生当庭向父亲真诚忏悔道歉，并跪求父亲原谅。

第二章 赡养与抚养

分析解读

本案例中，向先生作为向大爷的儿子，对向大爷有法定的赡养义务，对该纠纷应负全部责任。综合考虑向大爷真实的家庭生活状况和当时当地的人均消费支出标准，法院酌定向先生向父亲支付赡养费为每月360元为宜。向大爷已丧失劳动能力，对于其名下的承包地，向先生有义务耕种，但是耕种收益中的一部分应归向大爷所有。因向大爷现在女儿向女士处居住，向女士已尽赡养义务，所以向大爷明确表示对女儿向女士撤回起诉。

本案例中，还有一点值得特别注意，比起强占父母财产，性质同样恶劣的还有儿子殴打年迈的父亲。我国法律对殴打老人有着明确的处罚规定。《中华人民共和国治安管理处罚法》第四十三条中规定，殴打、伤害残疾人、孕妇、不满14周岁的人或者60周岁以上的人的，处10日以上15日以下拘留，并处500元以上1000元以下罚款。本案中由于向大爷念及父子亲情，对儿子的该项罪行不予法律责任上的追究，但这不代表向先生可以轻易被原谅和继续为所欲为。经法官的教育，也迫于此事公开后引发的大众舆论，向先生当庭承认了自己的错误，跪求父亲原谅，并保证以后不再对父亲施暴，认真履行法院的判决。

法条援引

《中华人民共和国老年人权益保障法》

第十三条 老年人养老以居家为基础，家庭成员应当尊重、关心和照料老年人。

第十四条　赡养人应当履行对老年人经济上供养、生活上照料和精神上慰藉的义务，照顾老年人的特殊需要。

赡养人是指老年人的子女以及其他依法负有赡养义务的人。

赡养人的配偶应当协助赡养人履行赡养义务。

第十七条　赡养人有义务耕种或者委托他人耕种老年人承包的田地，照管或者委托他人照管老年人的林木和牲畜等，收益归老年人所有。

第十九条　赡养人不得以放弃继承权或者其他理由，拒绝履行赡养义务。

赡养人不履行赡养义务，老年人有要求赡养人付给赡养费的权利。

赡养人不得要求老年人承担力不能及的劳动。

《中华人民共和国刑法》

第二百七十条　将代为保管的他人财物非法占为己有，数额较大，拒不退还的，处二年以下有期徒刑、拘役或者罚金；数额巨大或者有其他严重情节的，处二年以上五年以下有期徒刑，并处罚金。

将他人的遗忘物或者埋藏物非法占为己有，数额较大，拒不交出的，依照前款的规定处罚。

本条罪，告诉的才处理。

收养关系终止，养子女是否对老人还有赡养义务？

经典案例

1991 年 9 月 5 日，洪先生骑三轮车出门卖菜，在农贸市场捡到一名刚出生的男婴，考虑到自己尚未生养小孩，遂将其抱回家中抚养。洪先生与妻子康女士在 1991 年 9 月 10 日为该弃婴申报了户口，并以"子女"的关系登记在二人户籍名下，取名康康。

25 年过去，康康在养父母的抚育下长大成人，并在养父母帮助下结婚成家，育有一女。然而，康康在结婚后性情大变，不仅不对年老体衰的养父母尽赡养扶助义务，而且纵容妻子打骂洪先生，致使洪先生与妻子康女士身心受损，长期生活在外，不敢回家。此事引发乡里乡亲的公愤，经过当地村委会及家族长辈调解仍然未果。无奈之下，洪先生和康女士到法院起诉，要求解除与康康的收养关系，并由康康支付生活费、教育费补偿金。

法院经审理判决，依据《中华人民共和国收养法》（已于 2021 年 1 月 1 日废止）第二十七条、第三十条，《最高人民法院关于贯彻执行民事政策法律若干问题的意见》第二十八条、第三十一条规定，判决解除原告洪先生、康女士与被告康康的收养关系；被告康康于判决生效后一个月内支付原告洪先生、康女士生活费和教育费补偿金 22 万元。

本案例中，洪先生和康女士的收养行为发生在 1991 年，即 1999 年 4 月 1 日《中华人民共和国收养法》施行之前，虽然未按法律规定办理收养手续，但是法院裁定前考虑到洪先生和康女士二人对养子康康养育了长达二十余年，且有邻里、乡亲的证言，以及村委会出具的证明，认可了他们的收养关系。

我国法律法规规定，养子女与养父母之间的关系适用法律关于父母子女关系的规定，养子女需要对养父母尽赡养义务。本案例中，养父母辛辛苦苦将康康养大，供其上学并帮助其成立家庭，但是成年后的康康并没有善待养父母，也没能正确处理家庭关系，甚至纵容妻子打骂养父母，导致养父母与自身间关系恶化，不仅伤害了养父母的感情与合法权益，更在社会上造成了不良影响。法院依据法律规定，考虑到本着事实依据及社会道德，尊重和支持洪先生和康女士要求康康支付生活费、教育费的诉求。

相关法律规定，养父母与成年养子女关系恶化，无法共同生活，经过协商，可以到民政部门办理解除收养关系登记，解除收养关系。对于养子女不履行赡养义务致使收养关系解除的，应当补偿养父母的收养支出。经济补偿的确定数额需要根据当地人均消费水平、抚育孩子的实际支出以及双方关系恶化的过错责任分配等因素来进行综合评估。

第二章　赡养与抚养

法条援引

《中华人民共和国民法典》

第一千一百一十五条 养父母与成年养子女关系恶化、无法共同生活的，可以协议解除收养关系。不能达成协议的，可以向人民法院提起诉讼。

第一千一百一十六条 当事人协议解除收养关系的，应当到民政部门办理解除收养关系登记。

第一千一百一十八条 收养关系解除后，经养父母抚养的成年养子女，对缺乏劳动能力又缺乏生活来源的养父母，应当给付生活费。因养子女成年后虐待、遗弃养父母而解除收养关系的，养父母可以要求养子女补偿收养期间支出的抚养费。

生父母要求解除收养关系的，养父母可以要求生父母适当补偿收养期间支出的抚养费；但是，因养父母虐待、遗弃养子女而解除收养关系的除外。

《最高人民法院关于贯彻执行民事政策法律若干问题的意见》

（28）亲友、群众公认，或有关组织证明确以养父母与养子女关系长期共同生活的，虽未办理合法手续，也应按收养关系对待。

（31）养父母与其抚养成人的养子女关系恶化，再继续共同生活对双方的正常生活确实不利，一方坚决要求解除收养关系的，一般可准予解除。

👤 收养子女需要满足哪些条件?

------- 经典案例 -------

卫女士在 1988 年与何先生结婚并生育一子。但是婚后因夫妻感情不和，卫女士离开了何家，去到他乡工作。

1996 年的某天凌晨，一名与卫女士相熟的清洁工在垃圾堆旁捡到一名弃婴，并抱到卫女士家。卫女士看着身上还未清理干净，已经奄奄一息的女婴，不禁心生怜爱，悉心照护并决定收养这个女婴，为其取名为小媛。母女俩从此相依为命。

卫女士一边工作一边抚育孩子，生活过得相当艰难。然而比起生活的艰难，更令卫女士苦恼的是小媛的户口问题。《中华人民共和国收养法》（已于 2021 年 1 月 1 日废止）规定收养人需要年龄在 30 岁及以上，并且没有孩子。因此，相关机构判定卫女士的收养行为属于非法收养，不能给小媛按正常程序办理户口。

2005 年 9 月，卫女士与何先生办理了离婚手续，儿子判给了何先生，且卫女士的年龄早已达到收养标准（30 岁以上），因此她再次请求有关部门为小媛出具上户证明。而相关部门认为，卫女士的收养行为违反了《中华人民共和国收养法》及相关条例的规定，将按有关规定要求其缴纳社会抚养费 1.2 万至 2 万元，对她的处罚将随后施行。

分析解读

虽然卫女士收养被遗弃的婴儿，并且不离不弃精心抚育多年，是一件极大的善举，但仍不可否认这一收养行为从一开始即不具备法律效力。

如果收养人在决定收养前了解相关的法律法规，做到依法收养，就不会导致自己在多年后陷入两难的境地。卫女士收养时，根据《中华人民共和国收养法》规定，收养人需要同时具备无子女、有抚养教育被收养人的能力、未患有在医学上认为不应当收养子女的疾病、年满30周岁的条件，还需依法向人民政府民政部门登记，办理手续。

不规范的民间收养会带来被收养人的户口、健康、安全、入学、就业和收养人将来的赡养等问题，使双方的合法权益难以保障，既损害收养法律的严肃性和权威性，又会给拐卖儿童、恶势力控制残疾儿童乞讨等违法犯罪行为以可乘之机。非法收养的现象一经发现，公安机关将介入，如经一定时间仍无法找到被收养者亲生父母，被收养者则由公安和民政部门报经政府统一安置。

我国自2021年1月1日开始实施的《中华人民共和国民法典》将收养人"无子女"的条件放宽为"无子女或者只有一名子女"。适当放宽是为了更好地保护未成年人的利益，也考虑到计划生育政策的修改和变化。

《中华人民共和国民法典》

第二十七条 父母是未成年子女的监护人。

未成年人的父母已经死亡或者没有监护能力的，由下列有监护能力的人按顺序担任监护人：

（一）祖父母、外祖父母；

（二）兄、姐；

（三）其他愿意担任监护人的个人或者组织，但是须经未成年人住所地的居民委员会、村民委员会或者民政部门同意。

第一千零九十三条 下列未成年人，可以被收养：

（一）丧失父母的孤儿；

（二）查找不到生父母的未成年人；

（三）生父母有特殊困难无力抚养的子女。

第一千零九十八条 收养人应当同时具备下列条件：

（一）无子女或者只有一名子女；

（二）有抚养、教育和保护被收养人的能力；

（三）未患有在医学上认为不应当收养子女的疾病；

（四）无不利于被收养人健康成长的违法犯罪记录；

（五）年满三十周岁。

第一千零九十九条 收养三代以内旁系同辈血亲的子女，可以不受本法第一千零九十三条第三项、第一千零九十四条第三项和第一千一百零二条规定的限制。

华侨收养三代以内旁系同辈血亲的子女，还可以不受本法第一千零九十八条第一项规定的限制。

孩子被后妈殴打，亲妈可以争取抚养权吗？

经典案例

2017年2月，张先生和赵女士因夫妻感情不和而协议离婚，5岁的儿子小峰由张先生抚养。

2021年，张先生与王女士再婚。在小峰与张先生夫妇共同生活期间，王女士多次打骂小峰，致小峰胳膊、腰背等处有多处青紫。邻里经常听见小峰的哭喊声，曾多次上前劝解，但王女士并无改变。王女士还将小峰自己掌掴自己的视频发至其所在的班级群。

2021年6月，赵女士得知了小峰的情况，便将小峰接至自己家中生活、学习。2021年10月，赵女士将前夫张先生和王女士诉至法院，要求变更小峰的抚养权，将小峰交由自己抚养。张先生在诉讼中表示王女士是为管教小峰才对其打骂，且事后也很后悔，不同意变更抚养权。在庭审中，小峰表示愿意跟随赵女士生活。

法院经审理认为，父母离婚后子女的抚养问题，应从有利于子女健康成长的角度考虑。在小峰随张先生生活期间，继母王女士存在殴打、发送掌掴视频等不合理的管教行为，张先生亦未能有效履行监护职责，给小峰的身心健康造成一定伤害，并且小峰在诉讼中表示愿意跟随赵女士共同生活。最终，法院从小峰健康成长考虑，并尊重小峰的个人意愿，支持抚养权应予变更，判决小峰由赵女士抚养，张先生需支付 2021 年 6 月至 10 月的抚养费 6000 元，自 2021 年 11 月起每月支付抚养费 1200 元，至小峰年满 18 周岁止。

诉讼过程中，法院联系心理疏导员对小峰进行了心理疏导，帮助其尽快走出阴影，重拾生活和学习的信心。同时，法院向小峰父母发出《责令接受家庭教育令》，进行家庭教育指导，并向小峰所在学校发送协助家庭教育司法建议。判决生效后，法院对小峰进行了定期回访。

分析解读

持续性、经常性的家庭暴力不仅达不到教育目的，反而会使未成年人长期生活在恐惧中，损害其身心健康。我国法律明确保护未成年人合法权益。无论是亲生父母还是养父母，殴打未成年子女，都是不正确的管教方法，情节严重者构成违法犯罪行为，需要被追究刑事责任。

父母双方都有抚养和教育孩子的义务，都有权利争取孩子的抚养权，这些权利和义务不会因为离婚等原因而消除。法律规定一方如果有严重疾病、吸毒、家暴、虐待儿童等不利于孩子身心健康成长的，另一方要求变更孩子抚养权应给予支持。本案例中，虽然张先生和赵女士已离婚，但由于小峰的继母在管教小峰的过程中存在不合理行为，赵女士同样可以争取张小峰的抚养权。

法条援引

《中华人民共和国未成年人保护法》

第十七条　未成年人的父母或者其他监护人不得实施下列行为：

（一）虐待、遗弃、非法送养未成年人或者对未成年人实施家庭暴力；

（二）放任、教唆或者利用未成年人实施违法犯罪行为；

（三）放任、唆使未成年人参与邪教、迷信活动或者接受恐怖主义、分裂主义、极端主义等侵害；

（四）放任、唆使未成年人吸烟（含电子烟，下同）、饮酒、赌博、流浪乞讨或者欺凌他人；

（五）放任或者迫使应当接受义务教育的未成年人失学、辍学；

（六）放任未成年人沉迷网络，接触危害或者可能影响其身心健康的图书、报刊、电影、广播电视节目、音像制品、电子出版物和网络信息等；

（七）放任未成年人进入营业性娱乐场所、酒吧、互联网上网服务营业场所等不适宜未成年人活动的场所；

（八）允许或者迫使未成年人从事国家规定以外的劳动；

（九）允许、迫使未成年人结婚或者为未成年人订立婚约；

（十）违法处分、侵吞未成年人的财产或者利用未成年人牟取不正当利益；

（十一）其他侵犯未成年人身心健康、财产权益或者不依法履行未成年人保护义务的行为。

《中华人民共和国家庭教育促进法》

第四十九条 公安机关、人民检察院、人民法院在办理案件过程中，发现未成年人存在严重不良行为或者实施犯罪行为，或者未成年人的父母或者其他监护人不正确实施家庭教育侵害未成年人合法权益的，根据情况对父母或者其他监护人予以训诫，并可以责令其接受家庭教育指导。

《最高人民法院关于适用〈中华人民共和国民法典〉婚姻家庭编的解释（一）》

第五十六条 具有下列情形之一，父母一方要求变更子女抚养关系的，人民法院应予支持：

（一）与子女共同生活的一方因患严重疾病或者因伤残无力继续抚养子女；

（二）与子女共同生活的一方不尽抚养义务或有虐待子女行为，或者其与子女共同生活对子女身心健康确有不利影响；

（三）已满八周岁的子女，愿随另一方生活，该方又有抚养能力；

（四）有其他正当理由需要变更。

第五十七条 父母双方协议变更子女抚养关系的，人民法院应予支持。

非婚生子女谁来抚养?

经典案例

2017 年，高先生和乔女士在外地工作期间认识并相恋。同年 12 月开始，两人开始了同居生活，2020 年 10 月乔女士生下一名女孩，取名小涵。此后，高先生和乔女士感情不和，经常因生活小事产生纠纷，二人于 2021 年 1 月开始分居生活。

离开高先生后，乔女士一直带着女儿生活在母亲家，并为小涵在当地办理了落户。此后，高先生屡次要求看望孩子，乔女士以其没有支付抚养费为由，拒绝了高先生的要求。于是高先生扬言要抢回孩子。对此，乔女士不满，于 2021 年 6 月诉至法庭，请求判令非婚生女儿小涵由自己抚养，高先生依法支付女儿小涵抚养费至女儿年满 18 周岁止。

经法官主持调解，小涵由母亲乔女士抚养，高先生有定期探望的权利。高先生也同意支付小涵的抚养费，但是在抚养费金额的问题上，双方意见不统一。

法院最终判决小涵由原告乔女士抚养，被告高先生自 2021 年 4 月起每月支付小涵的抚养费 900 元，于每月的 30 日前付清，至小涵年满 18 周岁止。在乔女士抚养女儿期间，高先生可在每年寒、暑假各探望女儿一次，每两年可在乔女士的陪同下将小涵接到高先生父母住处探望一次。

依据法律规定，非婚生子女享有与婚生子女同等的权利，任何组织或者个人不得加以危害和歧视；不直接抚养非婚生子女的生父或生母，应当负担未成年子女或者不能独立生活的成年子女的抚养费。

非婚生子女的抚养权归谁？这由父母双方协商处理，协商不成的可以向法院起诉。在法律上非婚生子女抚养权的确定可参照离婚子女抚养权的相关规定。如果孩子未满两周岁，以母亲直接抚养为原则；已满两周岁则需要根据不同情况，按照有利于子女的原则确定。母或父方身体健康，能为孩子提供良好条件，且长期和孩子生活的，法院一般不会轻易改变孩子的生活环境。如果已满8周岁，则应当尊重孩子的真实意愿。本案例中，由于小涵尚不满两周岁且一直随母亲生活，母亲乔女士也有强烈的抚养意愿，因此法院判决孩子抚养权归乔女士。

探望权，又称见面交往权，是指离婚后，不直接抚养子女的父亲或母亲享有的探望未成年子女，与未成年子女联系、会面、交往、短期共同生活的权利。高先生扬言抢回孩子的做法不可取，如果在实施争抢孩子的过程中发生打斗，那就可能构成违法犯罪。正确做法是通过协商来正确行使对女儿的抚养权和探望权。

非婚生子女的抚养费也需要符合一定的标准。有固定收入的，抚养费一般可以按其月总收入的百分之二十至百分之三十的比例给

第二章 赡养与抚养

59

付；负担两个以上子女抚养费的，比例可以适当提高，但一般不得超过月总收入的百分之五十；无固定收入的，抚养费的数额可以依据其当年总收入或者同行业平均收入，参照上述比例确定。

法条援引

《中华人民共和国民法典》

第一千零七十一条　非婚生子女享有与婚生子女同等的权利，任何组织或者个人不得加以危害和歧视。

不直接抚养非婚生子女的生父或者生母，应当负担未成年子女或者不能独立生活的成年子女的抚养费。

第一千零八十六条　离婚后，不直接抚养子女的父或者母，有探望子女的权利，另一方有协助的义务。

行使探望权利的方式、时间由当事人协议；协议不成的，由人民法院判决。

父或者母探望子女，不利于子女身心健康的，由人民法院依法中止探望；中止的事由消失后，应当恢复探望。

👤 人工授精子女是否可认定为夫妻双方婚生子女？

经典案例

邓先生和周女士结婚多年一直没有生育子女，后邓先生经医院检查得知自己患有无精症。2006年5月，求子心切的夫妻二人决定采取人工授精方式来生子。于是，二人一同去医院签订了人工授精协议书，周女士成功通过人工授精怀孕。没多久，邓先生因病住院，并发现自己患有癌症。临终之际，邓先生反悔了，不想留下周女士腹中与自己没有血缘关系的孩子，并写下遗嘱称自己去世后，房产留给母亲孙女士和妹妹。周女士不同意做人工流产手术，坚持要将腹中孩子生下来。

周女士生下孩子，取名小阳。小阳刚满月，邓先生的母亲孙女士即找到周女士，拿出邓先生生前所立的遗嘱，称邓先生在遗嘱中写明不承认与周女士人工授精生下的孩子，婚前购置的房产由自己和邓先生妹妹继承，小阳与邓先生没有血缘关系，不应继承邓先生遗产。周女士无奈之际只好将婆婆和小姑子诉至法院。

法院经审理查明，邓先生名下的房屋为婚姻存续期间取得的夫妻共同财产，估值19.3万元，此外还有夫妻共同存款18705.4元。依据法律规定，在婚姻关系存续期间，夫妻双方一致同意进行人工授精，所生子女应视为婚生子女，父母子女间的权利义务关系适用法律中婚姻有关规定。邓先生在遗嘱中否认自己与周女士所怀胎儿的亲子关系，是无效的民事行为，理应认定小阳是邓先生的婚生子女。

法院最终判决，依据继承法规定，涉案房屋归周女士所有；周女士于判决生效之日起30日内，付给儿子小阳33442.4元，该款由小阳的法定代理人周女士保管；付给邓先生母亲33442.4元，邓先生的妹妹33442.4元。

分析解读

在婚姻存续期间，如果夫妻双方一致同意进行人工授精，那么通过人工授精所生子女应视为夫妻双方的婚生子女，享有法律规定的婚生子女同等权利。邓先生和周女士是共同签字同意进行人工授精手术的，所以一方面在周女士怀孕后，邓先生不能单方面要求周女士人工流产；另一方面所生子女应视为夫妻双方的婚生子女，享有父母子女之间的权利义务关系。

按照法律规定：继承开始后，按照法定继承办理；有遗嘱的，按照遗嘱继承或者遗赠办理；有遗赠扶养协议的，按照协议办理。被继承人邓先生死亡后，继承开始。鉴于邓先生留有遗嘱，本案应当按照遗嘱继承办理。经法院查明，邓先生的房产为婚后购买，为夫妻共同财产，邓先生在遗嘱中表示房产由母亲和妹妹继承，这一部分内容侵犯了周女士的继承权，应属无效。在邓先生立遗嘱时，虽然胎儿尚未出生，但遗嘱中应当保留胎儿的继承份额，所以遗嘱中涉及未保留必要份额的部分无效。胎儿在邓先生去世后平安出生，其缺乏劳动能力又没有生活来源，应为其保留必要的遗产份额，剩余部分才可参照遗嘱确定的分配原则处理。

法条援引

《最高人民法院关于适用〈中华人民共和国民法典〉婚姻家庭编的解释（一）》

第四十条 婚姻关系存续期间，夫妻双方一致同意进行人工授精，所生子女应视为婚生子女，父母子女间的权利义务关系适用民法典的有关规定。

《中华人民共和国民法典》

第十六条 涉及遗产继承、接受赠与等胎儿利益保护的，胎儿视为具有民事权利能力。但是，胎儿娩出时为死体的，其民事权利能力自始不存在。

第一百三十六条 民事法律行为自成立时生效，但是法律另有规定或者当事人另有约定的除外。

行为人非依法律规定或者未经对方同意，不得擅自变更或者解除民事法律行为。

👤 夫妻离婚以后，一方可以为孩子改姓名吗？

经典案例

2011年，家住A省的王女士与B省的刘先生离婚，其4岁的孩子刘某，被判决随王女士生活。王女士离婚后带刘某回到了A省生活，并将孩子的姓改为王，刘先生每月支付抚养费300元。

王某从2011年起到2021年，从幼儿园到小学、中学一直使用同一名字。2021年，刘先生去到A省看望孩子，希望将孩子姓名改回，王女士不同意。于是，刘先生以孩子为原告，自己以监护人身份担任法定代理人，王女士为被告向法院提起民事诉讼。

未成年人王某年龄在8岁以上，属于限制民事行为能力人，在法院审理中明确表示，愿意继续使用现在的姓名，留在A省生活。法院审理认为，依据相关法律规定，姓名是自然人参与社会生活的人格标志，自然人有权依法决定、使用、变更自己的姓名。父母离婚后，一方私自更改孩子的姓氏虽然不妥，但处理涉及未成年人利益的纠纷时，应坚持以未成年人利益最大化为原则。本案中，原告多年来持续使用现在的姓名，该姓名已为亲友、老师、同学、邻居所熟知，已成为其人格的标志，是其生活、学习的重要组成部分。同时，原告作为年满14周岁的限制民事行为能力人，已经能够理解该姓名的文字含义及人格象征意义。结合原告自身真实意愿，继续使用该姓名，有利于原告的身心健康和成长。法院遂依照相关法律规定，判决驳回刘先生的诉讼请求。

分析解读

在司法实务中，因变更未成年人的姓名而引发纠纷的情况多发生在离异家庭。一般情况下，法院会以最大限度地保护未成年人利益为原则，以《中华人民共和国民法典》人格权相关规定和《中华人民共和国未成年人保护法》为法律依据，充分听取具有一定判断能力和合理认知的未成年人的真实意愿，尊重公民姓名选择的自主权。

那如何合法地为孩子改名呢？如果是成年的孩子，可以由他自己直接向户口登记机关申请变更登记。如果是父母离异的未成年孩子，则需要经父母双方出具签字同意的协议书，孩子如果在8岁以上，还需要听取孩子本人意见。在孩子父母都健在的情况下，父母中的一方是无权给孩子改姓更名的，如果一方强行办理，户籍所则需要负法律责任，另一方有权控告更名方和户籍办理机构。

另外，还需要认识到的是，无论孩子有没有改名换姓，另一方对孩子的抚养义务都不变，不能以孩子的姓名是否变化为由拒付孩子抚养费。

···· 法条援引 ····

《中华人民共和国民法典》

第一千零一十五条 自然人应当随父姓或者母姓，但是有下列情形之一的，可以在父姓和母姓之外选取姓氏：

（一）选取其他直系长辈血亲的姓氏；

（二）因由法定扶养人以外的人扶养而选取扶养人姓氏；

（三）有不违背公序良俗的其他正当理由。

少数民族自然人的姓氏可以遵从本民族的文化传统和风俗习惯。

《最高人民法院关于适用〈中华人民共和国民法典〉婚姻家庭编的解释（一）》

第五十九条 父母不得因子女变更姓氏而拒付子女抚养费。父或者母擅自将子女姓氏改为继母或继父姓氏而引起纠纷的，应当责令恢复原姓氏。

♀ 孩子上大学了，可以要求父母支付抚养费吗？

经典案例

小强 5 岁时，母亲因长年与父亲感情不和离家出走，留下小强和父亲两人共同生活。仅靠父亲微薄的收入，父子俩的日子过得紧紧巴巴。

18 岁时，刻苦学习的小强终于考上了一所大学，成为一名大一学生。但高额的学费和生活费让小强犯了难，而疾病缠身的父亲实在无力负担。

于是小强以自己无经济来源、没有能力支付学费和生活费为由，将父母二人诉至法院，要求二人支付其学费、住宿费、生活费等共计 1.1 万元。法院审理后认为，《中华人民共和国民法典》第一千零六十七条规定的"不能独立生活的成年子女"，是指尚在校接受高中及其以下学历教育，或者丧失、部分丧失劳动能力等因非主观原因而无法维持正常生活的成年子女。已年满 18 周岁的大学生小强明确不属于"不能独立生活的成年子女"。法院最终判决驳回小强的全部诉讼请求。

后经法官现场调解，小强的母亲表示愿意给予小强适当的经济补偿，以弥补在小强未成年时期未尽到的抚养义务。

分析解读

法律规定父母对未成年子女或不能独立生活的成年子女有法定

的抚养义务，父母不履行抚养义务时，子女有要求父母给付抚养费的权利。结合本案例，小强如果是在18岁之前起诉给付生活费，就可以得到法律的支持。

父母拒不抚养未成年子女的，情节严重的可能涉嫌遗弃罪，要承担刑事责任。这里的"情节恶劣"是指具有对被害人长期不予照顾、不提供生活来源；驱赶、逼迫被害人离家，致使被害人流离失所或者生存困难；遗弃患严重疾病或者生活不能自理的被害人；遗弃致使被害人身体严重损害或者造成其他严重后果等情形。本案中，由于小强母亲离家出走时，小强尚可跟随父亲生活，父亲也未与母亲商定双方对孩子抚养办法，因此不构成遗弃罪。

在孩子未成年时，父母未尽到全部的抚养义务的，孩子成年后通常也是不可以追讨抚养费的，但孩子成年后不具备独立生活能力的除外。父母抚养孩子的义务持续到孩子年满18周岁，如无特殊情况，在孩子18周岁后父母不再有法定抚养义务。父母出于亲情，主动支付已成年子女在大学时期的学费和生活费，这是父母在道德上的义务，并不是法定的义务。因此，小强的诉讼请求被驳回。

法条援引

《中华人民共和国民法典》

第一千零六十七条　父母不履行抚养义务的，未成年子女或者不能独立生活的成年子女，有要求父母给付抚养费的权利。

成年子女不履行赡养义务的，缺乏劳动能力或者生活困难的父母，有要求成年子女给付赡养费的权利。

第一千零八十五条　离婚后，子女由一方直接抚养的，另一方应当负担部分或者全部抚养费。负担费用的多少和期限的长短，由双方协议；协议不成的，由人民法院判决。

前款规定的协议或者判决，不妨碍子女在必要时向父母任何一方提出超过协议或者判决原定数额的合理要求。

《中华人民共和国刑法》

第二百六十一条 对于年老、年幼、患病或者其他没有独立生活能力的人，负有扶养义务而拒绝扶养，情节恶劣的，处五年以下有期徒刑、拘役或者管制。

继承与赠与 〉〉〉

一儿一女，应该平分父母的遗产吗?

经典案例

2021 年 10 月，冯大爷去世，留下银行存款 80 余万元、房屋一套和两家公司的股份。冯大爷有一儿一女冯先生和冯女士。冯先生认为依照当地家产"传男不传女"的风俗习惯，父亲的全部遗产理所应当归自己一人所有，于是他将父亲在银行里的 80 余万元存款全部取出，用于个人消费。

冯女士和母亲多次与冯先生调解，但始终无法达成一致意见。于是冯女士与母亲何女士将冯先生、冯大爷母亲王老太太诉至法院，要求分得自己的应继遗产份额。

法院考虑到被告之一的王老太太年事已高，行动不便，为方便当事人诉讼，将巡回审判车开进了冯先生所居住的社区，对案件进行公开审理，村民、村干部参加了旁听。

法院经审理确认冯大爷去世后留下的存款、房屋、股权均属于夫妻共同财产，且因冯大爷生前未立遗嘱，故其个人财产按法定继承办理。法院认为，冯先生、冯女士、何女士及冯大爷的母亲作为冯大爷遗产的第一顺序继承人，有权在法律规定的范围内继承其遗产。对于冯大爷名下的住房、存款、股份，法院依法判决原告何女士享有诉争财产 5/8 的份额（其中 1/2 为夫妻共同财产），原告冯女士继承冯大爷遗产 1/8 的份额，被告冯先生和冯大爷母亲各占 1/8 的份额。

我国法律规定，公民可以立遗嘱指定个人财产由法定继承人中的一人或数人继承，也可以立遗嘱将个人财产赠给国家、集体或法定继承人以外的人继承。如果没有遗嘱，则适用法定继承，先确定遗产范围，再根据顺序继承人的具体情况对遗产进行分割。本案例中，冯大爷的妻子、儿子、女儿、母亲均为第一顺序继承人，均可依法享有继承遗产的权利。

一般情况下，同一顺序继承人继承遗产的份额应当均等。这里所说的"应当均等"是指同一顺序的各个法定继承人，彼此在生活状况、劳动能力以及对被继承人所尽抚养、扶养或赡养义务等方面，情况基本相同、条件大致接近情况下，同一顺序的各个法定继承人所取得的被继承人遗产数额比例相同，没有明显差别。

如果夫妻实行共同财产制，夫妻一方死亡后，首先应对夫妻共同财产一分为二，其中一半是生存配偶一方应得的共同财产份额，另一半才是死者的遗产，再由死者的合法继承人继承。防止将夫妻共同财产作为遗产继承，侵犯生存一方的合法权益。

《中华人民共和国民法典》

第一千一百二十七条 遗产按照下列顺序继承：

（一）第一顺序：配偶、子女、父母；

（二）第二顺序：兄弟姐妹、祖父母、外祖父母。

第三章 继承与赠与

继承开始后，由第一顺序继承人继承，第二顺序继承人不继承；没有第一顺序继承人继承的，由第二顺序继承人继承。

本编所称子女，包括婚生子女、非婚生子女、养子女和有扶养关系的继子女。

本编所称父母，包括生父母、养父母和有扶养关系的继父母。

本编所称兄弟姐妹，包括同父母的兄弟姐妹、同父异母或者同母异父的兄弟姐妹、养兄弟姐妹、有扶养关系的继兄弟姐妹。

第一千一百三十条 同一顺序继承人继承遗产的份额，一般应当均等。

对生活有特殊困难又缺乏劳动能力的继承人，分配遗产时，应当予以照顾。

对被继承人尽了主要扶养义务或者与被继承人共同生活的继承人，分配遗产时，可以多分。

有扶养能力和有扶养条件的继承人，不尽扶养义务的，分配遗产时，应当不分或者少分。

继承人协商同意的，也可以不均等。

被继承人的子女先于被继承人死亡，遗产如何处理？

经典案例

1991年，付先生和张女士离婚，留下儿子小博和付先生共同生活。

1994 年，付先生在一次交通意外中不幸去世，留下遗产172560 元。小博则随奶奶生活，奶奶为他支付了上学期间的学费共计 14735 元。同年，小博爷爷也因病去世，小博回到妈妈张女士身边生活，但付先生的遗产尚未分割。

1995 年，小博因索要遗产应继份额与奶奶发生纠纷，将奶奶起诉至当地法院，请求奶奶支付其父遗产中其应得份额的 8 万元。奶奶认为，付先生的安葬费及为小博支付的学费已花费掉 2 万余元，应从付先生遗产中扣除，仅同意支付给小博 44292 元。

法院认为，付先生的遗产共计 172560 元，应按法定继承处理。小博系未成年无劳动能力人，应适当多分给其遗产。付先生的遗产依法应由其父母各继承 55020 元，由其子小博继承 62520 元。小博奶奶所称的付先生的安葬费和为小博支付的学费应从遗产中扣除，无法律依据，不予支持。小博的爷爷去世，其遗产 56008 元，一半归小博的奶奶所有，剩余部分由付先生及其妈妈、弟弟和妹妹共同继承，每人应继承 7001 元。付先生先于其父死亡，其所继承部分应由其晚辈直系血亲即小博代位继承。

小博的奶奶不服此判决，认为付先生的安葬费和小博的学费应从遗产中扣除。小博则认为遗产利息已足够支付学费，不同意扣除，愿承担部分安葬费，于是上诉。二审法院经审理认为，付先生的安葬费 6460 元应从付先生遗产中扣除，余下的 166100 元为实际可分割的遗产。小博学费应由其监护人承担，小博的奶奶在小博有法定抚养人的情况下没有义务承担小博的学费，其已支付学费应从小博继承的份额中扣除。原判对丧葬费及学费未予处理不妥，应予改判。付先生遗产 166100 元由小博的爷爷、奶奶各继承 5 万元，小博继承 66100 元，扣除小博的学费 14735 元，小博应得 51365

元。付先生父亲的遗产 50988 元由小博、付先生的妈妈及弟弟和妹妹共同继承。

分析解读

在本案中，小博不仅与爷爷、奶奶同为父亲遗产的继承人，而且还与奶奶、姑姑、叔叔同为爷爷遗产的继承人。因付先生的死亡而发生第一次继承，因付先生生前未立有遗嘱，因此适用于法定继承。按相关法律法规，付先生的第一顺序继承人有其子小博和其父母，遗产应由他们三人依法继承，这一点两次判决相同。

付先生的父亲去世产生的第二次遗产继承比第一次复杂。在付先生的遗产未分割之前，付先生的父亲作为其继承人之一死亡，又因付先生的父亲在生前未表示放弃继承付先生的遗产，故其遗产应由其妻、女儿、二儿子及代位继承人小博继承。在本案中，付先生父亲的遗产范围应为其生前与妻子分别所获得的对付先生遗产的继承既得权之和的一半，而不是其生前单方面从付先生处所获得的继承既得权的一半，故二审作出了相应的改判。

法条援引

《中华人民共和国民法典》

第一千一百二十八条 被继承人的子女先于被继承人死亡的，由被继承人的子女的直系晚辈血亲代位继承。

被继承人的兄弟姐妹先于被继承人死亡的，由被继承人的兄弟姐妹的子女代位继承。

代位继承人一般只能继承被代位继承人有权继承的遗产份额。

第一千一百三十二条 继承人应当本着互谅互让、和睦团结的精神，协商处理继承问题。遗产分割的时间、办法和份额，由继承人协商确定；协商不成的，可以由人民调解委员会调解或者向人民法院提起诉讼。

👤 口头遗嘱是否具有法律效力？

（经典案例）

汪老太太丧偶多年，育有 2 个儿子大庆和小庆，以及 3 个女儿。2021 年 12 月，汪老太太突发疾病，被儿女们紧急送往医院。年事已高的她对身边的大儿子大庆和女儿们说自己尚留有 5 万元存款，如果自己去世了，将这些存款全部留给大庆的儿子，也就是汪老太太的大孙子。

没过多久，汪老太太因医治无效去世，大庆按照母亲的口头遗嘱将母亲存折里的存款取出保管，以留作儿子读书之用。但是小庆对此不满，他认为母亲立口头遗嘱时自己并未在场，母亲当时如何说自己不知情，哥哥将钱全部取走的行为侵犯了自己的继承权。

兄弟二人为此争执不下，难以协商。小庆便将哥哥诉至法院。当地法院依法审理了这桩遗嘱纠纷案。汪老太太立口头遗嘱时在场见证的 3 个女儿则作为第三人参与本案的诉讼。

法院经审理认为，虽然汪老太太生前立口头遗嘱时有 4 名子女在场见证，但按照《中华人民共和国民法典》相关规定，其口头遗嘱设立条件并不合法，为无效口头遗嘱，因此不应按遗嘱办理继承而应该按照法定继承原则，将汪老太太所留的 5 万元银行存款进行依法分配。汪老太太的子女们均表示服判。

分析解读

立口头遗嘱须具备一定的条件。首先，遗嘱人有生命垂危或其他危急的情况。如在正常情形下，遗嘱人不得以口头遗嘱的形式处分其财产。其次，因该危急情形，遗嘱人无法以书面遗嘱等形式订立遗嘱。凡遗嘱人能在该情形下，以自书、代书、公证等方式订立遗嘱的，不得立口头遗嘱。最后，有两个以上的见证人在场，其目的在于保证口头遗嘱的真实性。

按照法律规定，口头遗嘱应当有两个以上见证人在场见证，无行为能力人、限制行为能力人、继承人、受遗赠人，以及与继承人、受遗赠人有利害关系的人不能成为遗嘱见证人。在本案例中，汪老太太的子女均为法定继承人，所以他们都没有成为口头遗嘱见证人的资格，故汪老太太的口头遗嘱当属无效。当时汪老太太在医院立口头遗嘱的时候，如果选择合法的见证人，比如请两名医生在场见证，那么法院就可认为该口头遗嘱是有效的。

另外，还需注意在紧急情况下订立口头遗嘱，如果危机解除而立遗嘱人没有死亡的，口头遗嘱即失效。除了口头遗嘱以外，还可以采用公证遗嘱、自书遗嘱以及代书遗嘱、打印遗嘱、录音录像遗嘱等方式。

《中华人民共和国民法典》

第一千一百三十八条 遗嘱人在危急情况下，可以立口头遗嘱。口头遗嘱应当有两个以上见证人在场见证。危急情况消除后，遗嘱人能够以书面或者录音录像形式立遗嘱的，所立的口头遗嘱无效。

第一千一百四十条 下列人员不能作为遗嘱见证人：

（一）无民事行为能力人、限制民事行为能力人以及其他不具有见证能力的人；

（二）继承人、受遗赠人；

（三）与继承人、受遗赠人有利害关系的人。

第一千一百四十三条 无民事行为能力人或者限制民事行为能力人所立的遗嘱无效。

遗嘱必须表示遗嘱人的真实意思，受欺诈、胁迫所立的遗嘱无效。

伪造的遗嘱无效。

遗嘱被篡改的，篡改的内容无效。

第三章　继承与赠与

⚇ 继承财产前需要先清偿被继承人的债务吗？

经典案例

2019 年 5 月，李先生为装修新房从牛先生经营的家居店订购了 27000 元的全屋定制家居。李先生支付了 12000 元，双方约定半年后再付尾款 15000 元。当月，牛先生已完成该全屋定制家居的制作与安装。

2019 年 8 月，李先生因突发疾病去世。李先生去世后，李先生的堂弟代为偿还了牛先生的欠款 5000 元。对于剩余的 10000 元，李先生的父母表示不喜欢儿子生前所订购的家居的样式，况且儿子已去世，用不到这些，拒绝偿还该欠款。

经多次沟通无果，牛先生将李先生的父母诉至法院。法院经审理认为，李先生留下的遗产份额大大超过李先生的欠款金额，法律规定继承遗产应当清偿被继承人依法应当缴纳的税款和债务。法院最终判决支持原告诉讼请求，由李先生父母偿还李先生的欠款 10000 元。

分析解读

在继承财产前，需要先清偿被继承人的债务。这是因为在法律上，被继承人的债务和财产是一体的，继承人继承的是被继承人的全部财产和债务。如果继承人不清偿被继承人的债务，导致被继承人的债权人向继承人追偿，可能会给继承人带来不必要的经济损失和法律风险。

以下债务属于被继承人的债务：

1. 被继承人生前依照我国税收法规的规定应当缴纳的税款。

2. 被继承人生前因未履行合同所负的债务。

3. 被继承人生前因实施侵权行为而对受害方所承担的损害赔偿的债务。

4. 被继承人生前因实施不当得利而负担的返还不当得利的债务。

5. 被继承人生前因是无因管理的受益人，而对管理人所承担的补偿其必要费用的债务。

6.其他应由被继承人承担的债务

被继承人的债务有多个种类时，还需要区分具体债务的性质。被继承人的遗产应首先用于清偿被继承人应缴纳的税款，其次优先清偿被继承人生前所欠的各种债务，但缴纳税款和清偿债务以其遗产实际价值为限，超过遗产范围的部分，继承人不需要清偿。

被继承人生前的债务，如果是个人债务的，由其遗产偿还。在本案中，李先生生前与牛先生签订了订购家居的合同。由于定制家居的特殊性，买家与卖家之间形成的是承揽合同法律关系，而非单纯的买卖合同关系，所以李先生的父母不可以要求退货或拒付欠款，但是可以与牛先生协商，进行局部修整。

法条援引

《中华人民共和国民法典》

第一千一百五十九条 分割遗产，应当清偿被继承人依法应当缴纳的税款和债务；但是，应当为缺乏劳动能力又没有生活来源的继承人保留必要的遗产。

第一千一百六十一条 继承人以所得遗产实际价值为限清偿被继承人依法应当缴纳的税款和债务。超过遗产实际价值部分，继承人自愿偿还的不在此限。

继承人放弃继承的，对被继承人依法应当缴纳的税款和债务可以不负清偿责任。

第一千一百六十二条 执行遗赠不得妨碍清偿遗赠人依法应当缴纳的税款和债务。

第一千一百六十三条 既有法定继承又有遗嘱继承、遗赠的，由法定继承人清偿被继承人依法应当缴纳的税款和债务；超过法定继承遗产实际价值部分，由遗嘱继承人和受遗赠人按比例以所得遗产清偿。

公证遗嘱设立后能否变更？

经典案例

5年前，考虑到女儿已远嫁，自己也有一套小的住房，杨老先生夫妇二人就办理了遗嘱公证，指定在二人去世之后其名下的另一套房屋由儿子小杨继承。没想到的是，在杨先生夫妇办理遗嘱公证之后，小杨就像完全变了一个人，一改从前那样对杨老先生夫妇嘘寒问暖，对二老不闻不问，言语中充满了不耐烦，即使二老中有人生病也不去帮忙照护，杨先生夫妇只能依靠同样年迈的对方照护。

倍感失望的杨老先生夫妇认为，小杨态度转变的根源可能是遗嘱，小杨可能觉得自己已经是父母房屋的唯一继承人，就可以对父母的关心少一点。考虑到上述情况，杨老先生夫妇决定撤回5年前订立的遗嘱，申请重新办理遗嘱公证。杨老先生夫妇各自订立遗嘱，指定一方去世后遗留的房屋产权份额由健在的一方继承，再由健在一方根据未来的实际情况考虑房屋最终由谁继承，以保证二人晚年的生活质量。

遗嘱即使经过公证仍可以更改。我国法律规定，遗嘱人可以撤回、变更自己所立的遗嘱。立遗嘱后，遗嘱人实施与遗嘱内容相反的民事法律行为的，视为对遗嘱相关内容的撤回。立有数份遗嘱的，内容有抵触的，以最后的遗嘱为准。本案例中，杨老先生夫妇先办理遗嘱公证，将房产留给儿子小杨，后因情感变化更改遗嘱由夫妇中仍健在的一方继承，这是合法的。

更改遗嘱需要注意的是：首先，公民变更遗嘱只能由遗嘱人本人亲自进行，其他任何个人或社会组织无权变更，也不能代理遗嘱人进行变更。变更的遗嘱内容必须与国家法律的要求相符合，否则变更的内容无效。其次，变更遗嘱的方式也要求合法。一般来说，变更遗嘱的方式有两种：一是制作新遗嘱，用以改变原遗嘱内容，但自书、代书、录音、口头遗嘱不得变更公证遗嘱；二是提出变更原遗嘱的声明，但必须按原设立遗嘱的方式和程序进行。遗嘱人需要变更或撤销公证遗嘱的，应当亲自到办理该遗嘱公证的公证处提出申请。为保障自己的合法权益及避免日后产生不必要的纠纷，变更遗嘱最好另行办理公证，同时撤回、变更自己之前所立的遗嘱。

法条援引

《中华人民共和国公证法》

第三十六条 经公证的民事法律行为、有法律意义的事实和文书，应当作为认定事实的根据，但有相反证据足以推翻该项公证的除外。

第三章 继承与赠与

《中华人民共和国民法典》

第一千一百三十三条 自然人可以依照本法规定立遗嘱处分个人财产，并可以指定遗嘱执行人。

自然人可以立遗嘱将个人财产指定由法定继承人中的一人或者数人继承。

自然人可以立遗嘱将个人财产赠与国家、集体或者法定继承人以外的组织、个人。

自然人可以依法设立遗嘱信托。

第一千一百四十二条 遗嘱人可以撤回、变更自己所立的遗嘱。

立遗嘱后，遗嘱人实施与遗嘱内容相反的民事法律行为的，视为对遗嘱相关内容的撤回。

立有数份遗嘱，内容相抵触的，以最后的遗嘱为准。

网络游戏账号如何继承？

经典案例

关先生生前是一款武侠网络游戏的资深玩家，他在游戏里结交了很多朋友，也为此倾注了大量的时间、精力和金钱。不幸的是，关先生在两年前因病去世了，其儿子小关是其唯一继承人。

小关经常回想起父亲生前热爱的那款游戏。为了缅怀父亲，小关很想继续玩父亲生前玩的那款游戏，让父亲生前的游戏身份继续活在游戏里。于是小关凭借记忆，找回了父亲的游戏ID（名字，也叫昵称），并且联系到了父亲生前一起打游戏的网友。但是在继承父亲游戏账号的问题上，小关碰到了难题。

该游戏的经营公司在玩家进入游戏时有规定账号只能本人使用，不得进行各种形式的流转。并且我国法律允许游戏公司和玩家之间通过合同约定来厘清彼此间的权利义务。关先生生前在注册、登录该网络游戏，确认用户协议过程中，就已经和游戏公司达成了协议，同意这个游戏账号只能自己使用。因此，小关无法直接要求游戏公司协助自己进行游戏账号的继承和转移。

小关将自己面临的问题发表在社交平台上，这件事迅速在网络上传开。随后，游戏公司发布声明，修改了以往的协议，规定在游戏玩家的继承人可以提供继承人证明的情况下，公司会配合继承人完成账号继承与转移。最终，小关如愿以偿，继承了父亲的游戏账号，实现了他"想走一走爸爸曾经走过的路，看一看爸爸曾经见过的风景"的愿望。

分析解读

网络虚拟财产是可以被人占有、支配和控制，具有经济价值和精神价值双重属性的电子信息资源。常见的虚拟财产有纯粹的经济利益型财产，比如淘宝店铺、游戏装备等，还有含有精神价值的虚拟财产，诸如相册、邮件等。

《中华人民共和国民法典》正式以法律的形式明确了虚拟财产的法律地位，并且规定自然人合法的私有财产，可以依法继承。游戏账号属于虚拟财产，是关先生合法的私有财产。小关作为关先生的唯一继承人，可以要求继承关先生的游戏账号。

玩家通常为游戏账号倾注了大量时间、精力和金钱，它的意义在某种程度上已经超越了一些实体财物，应当由继承人延续使用。只有当玩家输入游戏账号和密码后，才可以看到其花费大量时间和金钱获得的游戏币、打造的虚拟武器装备和高等级角色，而这些有的具备商品价值，可以出售。作为一种虚拟财产，游戏账号也包含游戏公司对玩家的服务内容，本身有很强的人身属性。因此在注册和登录游戏时，游戏公司与玩家通常会签订一份用户准入协议，比如规定游戏账号需要实名认证，只能自己使用等。根据法律规定，协议内容并非一成不变的，只要游戏公司和玩家协商一致，便可以修改用户协议，变更条款。

继承游戏账号时，可以先通过客服和游戏公司进行沟通反馈，如果游戏公司同意继承，则可能会要求继承人提供户口簿、身份证、游戏玩家的死亡证明或者户口销户证明等，满足账号继承条件，则可以办理账号继承与转移。如果沟通无果，可以求助消费者权益保护热线12315或者向所在地工商部门反映情况，由工商部门进行调解；也可以向人民法院提起诉讼，要求继承相关游戏账号及其内的虚拟装备。

法条援引

《中华人民共和国民法典》

第一百二十四条 自然人依法享有继承权。

自然人合法的私有财产，可以依法继承。

第一百二十七条 法律对数据、网络虚拟财产的保护有规定的，依照其规定。

第一千一百二十二条 遗产是自然人死亡时遗留的个人合法财产。

依照法律规定或者根据其性质不得继承的遗产，不得继承。

过继的侄子，能继承叔叔的遗产吗？

〔经典案例〕

白老三于 1998 年 3 月 5 日因病去世。按照当地风俗，需由子女为其顶盆送终（有些地区民间的一种丧礼仪式。由逝者的长子头顶着灰盆站在路口，然后由丧礼主持将长子顶着的灰盆端下来，狠狠地摔在之前准备好的砖头上，盆摔得越碎越好）。但是白老三的妻儿均已去世，因此家族中的长辈只能从本家族中挑选一位后辈为其顶盆送终。按照当地习俗，"顶盆"则意味着这位后辈过继给了死者，可以继承死者的所有家产。最后，大侄子小强为白老三顶盆送终。此后，小强便一直居住在白老三留下的房屋中长达 7 年。

2005 年，白家村依照政府规划整体拆迁。按照相关规定，白老三留下的房屋可获得约 30 万元的拆迁补偿款。小强拿着白老三的房产证以房主的名义前往村委会领取拆迁补偿款时，白老三的弟弟白老四拿出一份房屋赠与合同，声称白老三生前已经将该房屋赠与自己，该房屋理应归自己所有。白老四与小强叔侄因此产生纠纷。白老四认为，房屋一直被小强非法占有，小强侵犯了其所有权。白老四向法院提起诉讼，要求法院确认其与死者白老三签署的赠与合同有效，小强应当返还房屋。

法院经审理认为，小强是因农村习俗为死者白老三戴孝发丧而得以入住白老三留下的房屋，这种民间风俗不违反法律的强制性规定，也不违反公序良俗，法律不应干涉；且小强从戴孝发丧当晚入住至产生纠纷已长达 7 年之久，白老四对此明知却从未主张权利，因此小强并不是非法侵占涉案房屋。最终法院判决驳回了白老四的诉讼请求。

分析解读

法律上并没有"顶盆过继"这一民间风俗相关的明确规定，但是依据《中华人民共和国民法典》第十条规定，处理民事纠纷，应当依照法律；法律没有规定的，可以适用习惯，但是不得违背公序良俗。"顶盆过继"并没有违反公序良俗，在当地长期的习惯中，当地群众认可"顶盆"的人就等同于死者的子女。

"过继"产生的权利和义务关系属于法律上的"收养"关系。我国民法典对于养子女继承养父母的遗产问题有明确规定，养子女享有与婚生子女完全相同的继承权，养子女有权继承养父母的遗产。因此，过继的侄子依法有权继承叔叔的遗产。

法条援引

《中华人民共和国民法典》

第四百六十五条 依法成立的合同，受法律保护。

依法成立的合同，仅对当事人具有法律约束力，但是法律另有规定的除外。

第一千一百一十一条 自收养关系成立之日起，养父母与养子女间的权利义务关系，适用本法关于父母子女关系的规定；养子女与养父母的近亲属间的权利义务关系，适用本法关于子女与父母的近亲属关系的规定。

养子女与生父母以及其他近亲属间的权利义务关系，因收养关系的成立而消除。

第一千一百二十七条　遗产按照下列顺序继承：

第一顺序：配偶、子女、父母；

第二顺序：兄弟姐妹、祖父母、外祖父母。

继承开始后，由第一顺序继承人继承，第二顺序继承人不继承；没有第一顺序继承人继承的，由第二顺序继承人继承。

本编所称子女，包括婚生子女、非婚生子女、养子女和有扶养关系的继子女。

本编所称父母，包括生父母、养父母和有扶养关系的继父母。

本编所称兄弟姐妹，包括同父母的兄弟姐妹、同父异母或者同母异父的兄弟姐妹、养兄弟姐妹、有扶养关系的继兄弟姐妹。

父母为子女出资买房，是赠与还是借贷？

经典案例

2017 年，张女士与赵先生结婚，但是婚后没多久，赵先生就因酒驾被判刑两年。两年后，赵先生服刑期满，了解到其间张女士一直与自己父母一起生活，很是感动，于是与父母商量买房。赵先生父母拿出自己多年的积蓄，另外向亲戚借了一部分，凑了 30 万元，终于帮儿子儿媳在城里买了套住房，产权登记在儿子儿媳名下。

2022 年，张女士与赵先生两人感情不和，张女士递交了离婚诉状，提出协议离婚。赵先生的父亲此时拿出一份 30 万元的借条，要求赵先生和张女士共同归还。

张女士提出，自己和赵先生都没有向赵先生父母借钱，买房的钱是赵先生父母自愿支付的，这张借条是赵先生和他父亲在自己提起离婚诉讼后恶意串通编造的。张女士还提交了一份录音，证明赵先生父亲曾表示"买房子的钱……我不需要你们负担。我自己借来的钱我自己会还"。

法院经审理认为，基于我国传统的婚姻家庭观念，夫妻之间、父母与子女之间的债权债务多限于口头约定的特点，结合赵先生是独生子的客观实际，就本案中各方权利义务的认定，除相关证据外，尚需结合当地婚姻家庭方面的传统文化和习俗，予以综合评判。同时，父母为子女购房出资系借款还是赠与，应探究父母与儿子媳妇的共同本意。最终，法院认定赵先生父母在赵先生夫妇购房时出资的本意是赠与，但对赵先生自行与父亲协商变更为借贷关系亦予尊重，借贷关系仅在赵先生与其父亲之间有效。

分析解读

在司法实践中，父母为子女购房出资到底是属于赠与还是借贷，需要结合实际情况进行判定。通常父母在给予子女财产时，一般不会作出书面说明。根据法律规定，婚后由一方父母出资为子女购买的不动产，产权登记在出资人子女名下的，可按规定，视为只对自己子女一方的赠与，该不动产应认定为夫妻一方的个人财产。由双方父母出资购买的不动产，产权登记在另一方或者双方子女名下的，该不动产可认定为双方按照各自父母的出资份额按份共有，但当事人另有约定的除外。因此，婚后父母为子女出资买房的应当认定为对夫妻双方的赠与，明确表示赠与一方的除外。

父母为婚后的子女购房出资时，为避免子女因夫妻感情不和在离婚时产生财产分割的争议，应当明确表明出资的性质及出资的相对方，必要时作出书面的出资说明，以避免子女在离婚时因财产分割产生争议。

法条援引

《最高人民法院关于适用〈中华人民共和国民法典〉婚姻家庭编的解释（一）》

第二十九条　当事人结婚前，父母为双方购置房屋出资的，该出资应当认定为对自己子女个人的赠与，但父母明确表示赠与双方的除外。

当事人结婚后，父母为双方购置房屋出资的，依照约定处理；没有约定或者约定不明确的，按照民法典第一千零六十二条第一款第四项规定的原则处理。

因婚外情所生的孩子的继承权如何判定？

经典案例

魏先生与妻子结婚多年，育有一养女。2016 年 7 月，魏先生因交通事故意外身亡，获得事故相关赔偿金共计 40 万元，这些由魏先生的父母、妻子及养女共同继承。

2018 年 7 月，魏先生的非婚生子小魏将魏先生的父母、妻子及养女共同诉至法院，要求分得魏先生遗产的应继份额。魏先生的妻女认为，案件已经过了诉讼时效，请求法院驳回原告起诉。同时，魏先生在婚姻存续期间与他人有不正当交往并婚外生子，属于重大过错，在处理夫妻共同财产及遗产时应少分或不分。魏先生的父母也持相同意见。

法院经审理查明，小魏的起诉未超过最长 20 年的诉讼时效期间，对于魏先生妻女提出案件过了诉讼时效的主张不予支持。通过调查查明魏先生的遗产包括房产三套、一辆车、部分公司股权及事故赔偿金 40 万元。虽然我国法律有规定，婚生子女和非婚生子女享有同等的继承权，但是考虑到魏先生生前在婚姻存续期间存在重大过错，判决魏先生所有财产 70% 的份额归魏先生的法定妻子所有，另外的 30% 份额属于魏先生的可被继承的遗产，这一部分由小魏及魏先生的父母、妻子及养女五人等额继承。

分析解读

非婚生子女继承权，依法受法律保护。无论是婚生子女、非婚生子女，还是有抚养关系的养子女、继子女，在法律上都具有相同的地位，具有平等的继承权。子女与父母之间的关系不因为父母之间婚姻关系的变化而受到影响，同样，子女的继承权也不因为父母没有结婚，或者子女没有与父或母一起生活，或者子女与父母虽有抚养关系但没有血缘关系而被剥夺。

在家事审判案件中，该案具有典型的情与法的冲突。魏先生在婚姻关系中是过错一方，在夫妻共同财产的分割中，其份额占比必然受到影响。

该案中，法院据实查明魏先生的遗产构成，是对原告、被告双方合法权益的有力维护，同时判决魏先生法定配偶占有 70% 的遗产份额，也依法保障了其配偶的合法权益。

法条援引

《中华人民共和国民法典》

第一千零七十一条 非婚生子女享有与婚生子女同等的权利，任何组织或者个人不得加以危害和歧视。

不直接抚养非婚生子女的生父或者生母，应当负担未成年子女或者不能独立生活的成年子女的抚养费。

第一千一百五十五条 遗产分割时，应当保留胎儿的继承份额。胎儿娩出时是死体的，保留的份额按照法定继承办理。

公益捐赠可以随意撤销吗？

经典案例

吴先生经过多年的奋斗，成了某家金融公司的高管。在母校举行的一次校庆纪念日活动中，吴先生公开承诺向母校捐赠 800 万元，用以支持该学校事业发展。随后，吴先生与该学校的教育发展基金会签订了赠与合同，学校也为此隆重地举行了捐赠仪式并授予其个人荣誉。这件事经过媒体的广泛报道，引发全国网友的关注，吴先生也代表所在的公司顺势获得了知名度和美誉度。

然而三年过去了，吴先生承诺的捐赠并没有落到实处，学校并没有收到这笔款项。于是学校将吴先生诉至法院。吴先生表示，自己投资的项目出了问题，因此承诺的捐赠款项很难用现金兑现。校方代理人则陈述，吴先生的捐赠行为值得赞赏，虽然其提到自己遇上了经济困难，但以他目前的事业发展状态及资金规模事实上具备履约能力。校方在接受捐赠后，如果不对这种拒不实际履约的行为采取维权行为，是对这种不诚信的行为的放纵，另外，也无法向上级教育部门予以交代。因此，校方是迫不得已提起本次诉讼，一方面希望被告能够理解，另一方面希望被告言而有信，积极履约，防止以捐赠名义在获得了公众的好评后反而消费了公众的信任。

法院认为该笔捐款为不可撤销的公益捐赠。经法院调解，吴先生承诺将向母校的捐赠于当年和次年分两期付清，但之后吴先生并未按照所承诺的日期付款。吴先生因没有履行向母校承诺的捐赠而被列为失信执行人，且被限制高消费，个人的声誉也受到了影响。

分析解读

民法典规定，赠与人在赠与财产的权利转移之前，可以撤销赠与。经过公证的赠与合同或者依法不得撤销的具有救灾、扶贫、助残等公益、道德义务性质的赠与合同，不适用前款规定，赠与人不交付赠与财产的，受赠人可以请求交付。本案例中，吴先生向学校捐款是一种公益性质的捐款，在赠与人没有出现重大变故的情况下，是不可以单方面撤销赠与的，吴先生必须按照双方约定的合同条款去履行，否则就要承担法律责任。

根据法律相关规定，捐赠人公开承诺捐赠或者签订书面捐赠协议后经济状况显著恶化，严重影响其生产经营或者家庭生活的，经向公开承诺捐赠地或者协议签订地的民政部门报告并向社会公开说明情况后，可以不再履行捐赠义务。如果吴先生能够向法院证明其经济状况确实难以支付捐款，那么是可以不履行义务的。

捐助公益的行为除了会收获良好的社会声誉之外，也会享有国家其他的优惠政策，如依法享受减免税收等。同时，捐赠是一种自愿行为，不应该用于获取名誉和地位，承诺了捐赠而又拒不履行的悔捐、虚假捐赠行为，不仅违背了公德，也会对社会信任度造成负面影响。人们对于善行的认可不应该依赖于名利的刺激，而是应该源于对于公益的热爱和对于社会责任的担当。

···········（ 法条援引 ）···········

《中华人民共和国民法典》

第六百五十七条 赠与合同是赠与人将自己的财产无偿给予受赠人，受赠人表示接受赠与的合同。

第六百五十八条 赠与人在赠与财产的权利转移之前可以撤销赠与。

经过公证的赠与合同或者依法不得撤销的具有救灾、扶贫、助残等公益、道德义务性质的赠与合同，不适用前款规定。

第六百六十条 经过公证的赠与合同或者依法不得撤销的具有救灾、扶贫、助残等公益、道德义务性质的赠与合同，赠与人不交付赠与财产的，受赠人可以请求交付。

依据前款规定应当交付的赠与财产因赠与人故意或者重大过失致使损毁、灭失的，赠与人应当承担赔偿责任。

第六百六十六条 赠与人的经济状况显著恶化，严重影响其生产经营或者家庭生活的，可以不再履行赠与义务。

哪些情况下不可以继承遗产？

经典案例

刘老太与高先生育有两个儿子大勇与小勇。大勇勤劳肯干，有稳定的工作及收入，已成家立业，且孝顺父母。小勇则游手好闲，成天混迹于棋牌室和网吧，无稳定工作，靠失业金和二老的退休金过活。

2010 年，高先生因病去世。小勇继续跟母亲刘老太一起生活。适逢房价上涨，小勇一心希望母亲将居住的房子卖掉，将房款给自己经营生意。刘老太对长年无稳定工作的小勇没有信心，坚决不同意小勇的想法。

小勇产生了希望母亲尽快去世的想法，心想那样自己就能和大勇分得母亲的遗产。有一次，刘老太指责小勇不务正业，小勇对此心生不满，顶撞了母亲。双方争吵时，刘老太说自己要去公证处写遗嘱将房屋给大勇一人。一个邪恶的念头涌上了小勇的心头。不久，他趁刘老太不注意，偷偷将半包老鼠药放进了刘老太每天喝的牛奶中。

恰逢刘老太这天起床后出门办事，没有立即喝牛奶，回家后，她发现牛奶变质，就将牛奶倒掉了。小勇回到家，看到母亲并没有中毒，吓得坦白了投毒一事。刘老太听后非常害怕，便将此事告诉了大勇。大勇知道后立即向派出所报案。小勇因故意杀人未遂，被法院依法判处有期徒刑3年。

2011年，刘老太因病去世。大勇办理完丧事后，将小勇诉至法院，认为小勇弑母未遂，导致母亲抱憾而终，根据法律中有关继承的相关规定，小勇已丧失继承权，因此由自己继承母亲的全部遗产。小勇不服，认为自己只是气头上产生的想法，实施过程中已心生悔意，母亲并不由自己杀死，主张少分母亲遗产，不应不分。法院经审理剥夺了小勇的继承权，判决刘老太名下的房产由大勇继承。一审判决后，小勇不服并提起上诉，二审维持原判。

分析解读

根据《中华人民共和国民法典》规定，继承人故意杀害被继承人的，则其继承权丧失。这里所说的"故意杀人"，不论是实施成功还是没有实施成功，只要是有故意杀害被继承人的行为，便属严重犯罪，应确认其丧失继承权。

此外，依法取消继承权的情况还有：为争夺遗产而杀害其他继承人的，包括法定继承人、遗嘱继承人等；遗弃被继承人，或者虐待被继承人情节严重，其中遗弃被继承人是指继承人对没有劳动能力和没有生活来源的被继承人有赡养义务但是拒绝履行赡养义务，虐待被继承人则是指对被继承人生前进行身体或精神上的折磨；伪造、篡改、隐匿或者销毁遗嘱，情节严重；以欺诈、胁迫手段迫使或者妨碍被继承人设立、变更或者撤回遗嘱，情节严重。

结合本案例，小勇产生了谋害母亲的想法，准备了老鼠药并将药偷偷放进刘老太每日喝的牛奶中，这都是经法院审判的犯罪事实，小勇因此丧失了对刘老太遗产的继承权。刘老太去世前没有留下遗嘱，按法律规定，其遗产由法定继承人来继承，即大勇和小勇，但因小勇丧失了继承权，故刘老太遗产的法定继承人仅剩大勇一人，应由大勇继承刘老太的全部遗产。

法条援引

《中华人民共和国民法典》

第一千一百二十五条　继承人有下列行为之一的，丧失继承权：

（一）故意杀害被继承人；

（二）为争夺遗产而杀害其他继承人；

（三）遗弃被继承人，或者虐待被继承人情节严重；

（四）伪造、篡改、隐匿或者销毁遗嘱，情节严重；

（五）以欺诈、胁迫手段迫使或者妨碍被继承人设立、变更或者撤回遗嘱，情节严重。

继承人有前款第三项至第五项行为，确有悔改表现，被继承人表示宽恕或者事后在遗嘱中将其列为继承人的，该继承人不丧失继承权。

受遗赠人有本条第一款规定行为的，丧失受遗赠权。

◎ 第四章 ◎

购房与租房 >>>

👤 购房使用"阴阳合同",可能承担什么法律风险?

╌╌╌╌╌╌╌╌╌╌╌╌╌╌╌ (经典案例) ╌╌╌╌╌╌╌╌╌╌╌╌╌╌╌

2016 年,乔女士经房产中介的介绍,以 45 万元的价格购买了孙先生名下的一套房产。由于该套房产是拆迁安置房,未满满 5 年上市交易条件,暂时无法办理过户,三方约定过两年期满后再办理过户。中介告诉乔女士,对内的购房合同上交易价格为 45 万元,但对外的合同上交易价格为 65 万元,并称这样可以保护乔女士的权益,万一两年后卖家反悔,孙先生则需要增加 20 万元,也就是支付 65 万元给乔女士作为赔偿。乔女士虽有点儿疑惑,但是想后觉得很有道理,就签订了合同。

两年时间过去,乔女士要求办理房产过户手续,却被中介告知,卖家反悔,需要再支付 20 万元才能办理。于是乔女士将中介和孙先生诉至法院,请求按合同执行。法院经调查得知,该套房产早已处于查封状态。由于孙先生此前的交通肇事以及其他案件的欠债款项,房子被多次查封,无法办理过户。

乔女士和家人商量过后决定撤销此前要求孙先生履行合同的诉讼。而后,另行对孙先生和中介提起诉讼,要求孙先生解除房屋买卖合同,返还已支付的全部购房款,并且赔偿房价上涨带来的损失 40 万元。另外乔女士在与孙先生交涉的过程中得知,当初支付的

45 万元房款，孙先生只得到 33 万元，其余的 12 万元被房产中介拿走。

2018 年，法院经审理认为，乔女士无法办理房产过户手续，导致其不能实现合同目的，可以依法解除合同，乔女士支付的房款应当返还。另外，中介隐瞒了其收取 12 万元房款的事实，判决中介将这 12 万元返还给乔女士。法院将涉案房屋进行拍卖，拍卖所得款项用以偿还乔女士房款及孙先生其他两位债主的欠款。

分析解读

"阴阳合同"潜藏了巨大的法律风险，给了不诚信者以可乘之机，一方当事人可能利用"阴阳合同"拒绝或不当履行合同义务，从而引发争议。本案例中，虽然乔女士最后追回了房款，但是房产过户的愿望却没能实现，并且还在不知情的情况下居住了一段时间被法院查封的房产，面临随时被赶出去的风险。

在司法实践中，买卖中的"阴阳合同"多是实际成交价格与合同价格不一致的情况。有的是在合同中将房屋价格标得更高，以获取更多的银行贷款，从而实现更低首付购买房子；有的则是卖家与买家在合同中将价格标低，以达到减少交税的目的。对于"阴阳合同"中为规避国家税收监管故意隐瞒真实的交易价款的，该价格条款应为无效。依照《中华人民共和国税收征收管理法》，对纳税人偷税的，由税务机关追缴其不缴或者少缴的税款、滞纳金，并处不缴或者少缴的税款百分之五十以上五倍以下的罚款；构成犯罪的，依法追究刑事责任。

根据《房地产经纪管理办法》，房地产经纪机构和房地产经纪人员如有为交易当事人规避房屋交易税费等非法目的，就同一房屋签订不同交易价款的合同提供便利的行为，亦将面临行政处罚，还将记入信用档案。

法条援引

《中华人民共和国民法典》

第一百四十六条 行为人与相对人以虚假的意思表示实施的民事法律行为无效。

以虚假的意思表示隐藏的民事法律行为的效力，依照有关法律规定处理。

《房地产经纪管理办法》

第二十五条 房地产经纪机构和房地产经纪人员不得有下列行为：

（一）捏造散布涨价信息，或者与房地产开发经营单位串通捂盘惜售、炒卖房号，操纵市场价格；

（二）对交易当事人隐瞒真实的房屋交易信息，低价收进高价卖（租）出房屋赚取差价；

（三）以隐瞒、欺诈、胁迫、贿赂等不正当手段招揽业务，诱骗消费者交易或者强制交易；

（四）泄露或者不当使用委托人的个人信息或者商业秘密，谋取不正当利益；

（五）为交易当事人规避房屋交易税费等非法目的，就同一房屋签订不同交易价款的合同提供便利；

（六）改变房屋内部结构分割出租；

（七）侵占、挪用房地产交易资金；

（八）承购、承租自己提供经纪服务的房屋；

（九）为不符合交易条件的保障性住房和禁止交易的房屋提供经纪服务；

（十）法律、法规禁止的其他行为。

房屋未过户，要不要先付购房款？

经典案例

2019年5月，方女士向刘先生支付了89万元，用以购买刘先生名下的一套房屋，双方签订了《房屋买卖合同》。由于该房屋当时无法办理产权证书，双方约定方女士先搬进房屋居住，等刘先生办理好房屋一手产权证后再办理产权过户登记手续。

2019年9月，刘先生收到法院的通知，得知出售给方女士的那套房屋已被查封。原因是刘先生替他人担保，结果被担保方欠债未还，刘先生被判负连带责任，因此登记在刘先生名下的该房产被查封保全。同时该房屋面临着被银行强制执行的风险。方女士对此提出异议，主张由她代刘先生等人偿还银行欠款共计40余万元。而后刘先生配合方女士办理了房屋过户登记手续。

方女士代刘先生偿还款项后，向法院提起诉讼，要求刘先生及其被担保人等向其偿还其代为支付的款项及利息损失。法院经审理认为，方女士替刘先生偿还欠款的行为是为了使房屋顺利过户，取得房屋所有权，方女士对该债务具有合法权益。且方女士代为履行后，银行将刘先生等人的债权转让给了方女士。故法院支持了方女士的诉讼请求，判决刘先生等人向方女士偿还其代为支付的款项及利息损失。

分析解读

房产属于不动产，交易过程中环节多、手续多，因此买卖双方都需要严格按法定程序执行。在买卖房产过程中，买卖双方都有可能由于发生无意或有意的事由，导致买方支付了房款却得不到房产，有时甚至最后连房款都难以追回。

如果付购房款前卖方表示不能及时办理过户，买方则不能立即享有该房屋的所有权，此时买方需要谨慎付款。购买房屋时，买方首先要了解该房有没有存在一房多卖的情形以及被法院查封的风险，其次还应考虑到卖方因房屋涨价而反悔的风险。另外，如果房产是多人共有，出售还需要经过房屋共有人同意。

购房者还可以在签订合同时，要求卖方对房屋的状况进行书面保证，并设立相应的违约条款，保障自身的权利。

法条援引

《中华人民共和国民法典》

第二百零九条 不动产物权的设立、变更、转让和消灭，经依法登记，发生效力；未经登记，不发生效力，但是法律另有规定的除外。

依法属于国家所有的自然资源，所有权可以不登记。

第二百一十条 不动产登记，由不动产所在地的登记机构办理。

国家对不动产实行统一登记制度。统一登记的范围、登记机构和登记办法，由法律、行政法规规定。

👤 买房遭遇烂尾楼，如何合法维权？

2014年5月，李女士在 A 开发商新开发的楼盘购买了一套房子，并当场支付首付款 21 万元，从 B 银行按揭贷款 44 万元。商品房买卖合同上约定的交房日期是 2016 年 9 月 30 日，此后李女士每月如期偿还贷款。

2016年9月底，李女士并没有等来 A 开发商的交房通知。到了楼盘现场，她发现工地早已停工一年多，且根本就没有复工的迹象。李女士多次打电话试图催促开发商，但电话无人接听。无奈之际，李女士在 2017 年 2 月将 A 开发商和 B 银行一同起诉到法院，要求和 A 开发商解除购房合同，同时和 B 银行解除贷款合同。法院经审理认为，依据相关法律规定，出卖人（包括房地产开发商和二手房业主）迟延交付房屋，经催告后，在 3 个月的合理期限内，仍然不予交付，当事人一方要求解除合同的，应当予以支持。法院最终支持了李女士的诉讼请求，依法判决解除李女士和开发商的商品房买卖合同，同时判决李女士和银行签订的按揭贷款合同和房屋抵押合同一并解除。

B 银行对此判决表示不服，提起上诉。B 银行主张李女士已与其签订了按揭贷款合同和房屋抵押合同，根据合同的相对性原则，在借款合同和抵押合同解除后，李女士依然需要承担连带还款的责任。李女士和其代理律师则认为，依据相关司法解释，贷款合同解除后，应该由开发商退还收受的购房贷款。同时根据《中华人民共和国民法典》的规定，合同解除后，尚未履行的，终止履行；已经履行过的，根据履行情况以及合同性质，当事人可以请求恢复原状或者采取其他补救措施，并有权请求赔偿损失。法院审理认为，在购房人没有取得所购买的房屋，也没有实际占有购房贷款的情况下，银行要求购房人归还贷款，加重了购房人的责任，是不合理的；B 银行列举的合同相关条款应当认定为无效条款。故法院驳回了 B 银行的诉求。

分析解读

开发商违约，购房者可依法要求解除购房合同。购房合同解除后，担保贷款合同也因不能实现合同目的而解除。本案例表明，商品房按揭贷款商业模式下各合同之间的密切联系和各方权利义务关系的平衡问题，避免因强调单个合同的相对性而造成三方权利义务的失衡，是法院在审理此类案件时必须充分考虑的。法院在本案审理过程中虽突破了合同的相对性，但维护了法律的权威，公平合理地分配了当前商品房买卖模式下各方的权利义务。

商品房烂尾后，购房者可以采取哪些合法且有效的方式维权呢？首先，购房者可以向当地政府部门投诉，由政府部门追究相关的建设部门的负责人的责任。其次，购房者可以申请政府信息公开，这样有利于追究行政责任，提起行政诉讼。司法实践中，政府会采取补救措施，将购房者的损失减小。最后，购房者还可以委托律师提起民事诉讼，追究开发商的违约责任。

《中华人民共和国民法典》

第五百六十六条 合同解除后，尚未履行的，终止履行；已经履行的，根据履行情况和合同性质，当事人可以请求恢复原状或者采取其他补救措施，并有权请求赔偿损失。

合同因违约解除的，解除权人可以请求违约方承担违约责任，但是当事人另有约定的除外。

主合同解除后，担保人对债务人应当承担的民事责任仍应当承担担保责任，但是担保合同另有约定的除外。

第五百七十七条 当事人一方不履行合同义务或者履行合同义务不符合约定的，应当承担继续履行、采取补救措施或者赔偿损失等违约责任。

《最高人民法院关于商品房消费者权利保护问题的批复》

三、在房屋不能交付且无实际交付可能的情况下，商品房消费者主张价款返还请求权优先于建设工程价款优先受偿权、抵押权以及其他债权的，人民法院应当予以支持。

第四章　购房与租房

租赁期满租客搬走后发现房屋物品损失，还能追回吗？

经典案例

2018 年 10 月，徐先生将自己名下的一套住房出租给赵先生居住。2019 年 10 月，租赁到期，赵先生与徐先生结算了房租与押金，并支付了水、电、燃气费及物品损耗赔偿款，双方签订了《费用核算表》。

2019 年 11 月，徐先生对收回房屋进行整体装修，发现房屋卧室空调损坏，客厅墙纸都有变旧和局部损坏的情形，并且屋内原有的一台洗衣机丢失，于是要求赵先生赔偿。赵先生称空调在租房开始时即是坏的，而且没有拿走徐先生的洗衣机，不同意赔偿。于是徐先生将赵先生诉至法院。

法院经审理认为，双方签订了《费用核算表》，赵先生搬走物品，徐先生收回房屋即表示双方已经就房屋及物品损害赔偿问题进行了结算。另外，徐先生在收回房屋以后进行了整体装修，系基于其后续使用需求。故徐先生在房屋交接并已结算之后，再行主张相关损失，法院不予支持。

分析解读

租赁期限届满，双方应交接租赁房屋。出租人在收房时应对租赁物进行检查，如果存在承租人使用不当造成租赁物损坏的情形，出租人可以要求赔偿。在双方就欠费、损失赔偿、押金返还等事宜协商一致并处理完毕后，出租人再行主张房屋和物品损坏赔偿的，法院原则上不予支持，房屋交接时无法发现的隐藏于房屋设施或物品内部的损坏除外。

承租人在租房时，除了房屋物品损坏扣款的情形，还经常会遇到出租人要求收取房屋及家具折旧费。而对承租人收取折旧费是不合法的，因为租房时，承租人所支付的房租费用里本身包括房屋的损耗费用。承租人在与出租人签订租房合同时，应当仔细查看合同条款，防止出现此类不合理条款。

法条援引

《中华人民共和国民法典》

第五百零二条 依法成立的合同，自成立时生效，但是法律另有规定或者当事人另有约定的除外。

依照法律、行政法规的规定，合同应当办理批准等手续的，依照其规定。未办理批准等手续影响合同生效的，不影响合同中履行报批等义务条款以及相关条款的效力。应当办理申请批准等手续的当事人未履行义务的，对方可以请求其承担违反该义务的责任。

依照法律、行政法规的规定，合同的变更、转让、解除等情形应当办理批准等手续的，适用前款规定。

第七百二十五条 租赁物在承租人按照租赁合同占有期限内发生所有权变动的，不影响租赁合同的效力。

第七百三十三条 租赁期限届满，承租人应当返还租赁物。返还的租赁物应当符合按照约定或者根据租赁物的性质使用后的状态。

转租房屋，需要注意什么？

经典案例

2019 年 10 月，吴女士通过房产中介租下一套 150 平方米的房屋用来经营民宿，并与房主周先生签订了租期为 5 年的合同。随后，吴女士装修房屋，取得营业执照并开始营业。

2020年5月，吴女士因家庭原因不能继续经营，因此将该套房屋转租给廖女士，由廖女士全权代理经营并招揽住客。

2020年12月，民宿住客使用的电器超负荷运行，导致电表烧坏，屋内小范围失火。另外，自从廖女士接手后，房租未能及时支付。周先生因此要求解除与吴女士的租约并按照合同收回房子。周先生要求住客们搬离，住客们纷纷找到吴女士要求赔付违约金，因为廖女士与住客签约用的是吴女士的名字。同时，廖女士也找到吴女士要求赔付房屋未到期的违约金。

房东周先生将吴女士起诉至法院，请求判令租房合同于2021年1月1日解除，并支付2020年8月至2020年12月期间的房屋租金以及相关的物业费、房屋占有使用费及逾期付款利息。对此，吴女士表示不能接受，提起反诉，请求双方租房合同继续履行，要求周先生退还房屋押金，同时补偿因擅自驱逐住客导致的民宿营利损失5000元，补偿装修损失及此次火灾造成的物品损失。

法院经审理认为，双方签订的合约还未到期，且双方无根本性的故意违约行为，合同存在继续履行的必要性和可行性。经法院调解，双方达成协议，合同继续履行，互不追究责任。

分析解读

本案例中，吴女士将经营了一段时间的民宿转租给廖女士继续经营，此时吴女士与房主周先生的租赁合同仍旧是有效的，对于廖女士在经营过程中导致的房屋装修损坏，吴女士仍需要对周先生承担损坏赔偿义务。

我国法律规定，承租人转租房屋需要经出租人同意，否则，不仅转租关系不能成立，且出租人据此有权解除租赁合同，并可追究承租人的违约责任。吴女士与廖女士转租时应当订立转租合同，由周先生在转租合同书上表示同意，并办理转租登记备案。

对于正在经营的民宿，可以按照双方商定的固定时间为界限，划分权利义务。吴女士将房屋转租给廖女士时，理应划分双方责任，约定廖女士在交接时间后全面负责民宿的运转。

法条援引

《中华人民共和国民法典》

第二百四十条 所有权人对自己的不动产或者动产，依法享有占有、使用、收益和处分的权利。

第七百一十六条 承租人经出租人同意，可以将租赁物转租给第三人。承租人转租的，承租人与出租人之间的租赁合同继续有效；第三人造成租赁物损失的，承租人应当赔偿损失。

承租人未经出租人同意转租的，出租人可以解除合同。

第七百一十七条 承租人经出租人同意将租赁物转租给第三人，转租期限超过承租人剩余租赁期限的，超过部分的约定对出租人不具有法律约束力，但是出租人与承租人另有约定的除外。

第七百一十八条 出租人知道或者应当知道承租人转租，但是在六个月内未提出异议的，视为出租人同意转租。

签订租房合同要注意哪些事项?

经典案例

2020 年 9 月，李先生与 A 房产公司签订《资产委托服务合同》，约定李先生将名下一套三居室授权给 A 房产公司独家委托代理，权限为代理运营及出租房屋，代为收取租金，李先生的资产收益以租金的形式表现，每月租金为 7900 元。

2021 年 8 月，A 房产公司将该房屋出租给刘女士，双方签订了《房屋租赁合同》。因李先生与刘女士担心 A 房产公司存在合约履行问题，双方于 2021 年 9 月 29 日相约与 A 房产公司解除合同。2021 年 9 月 29 日，李先生与 A 房产公司签订《合同解除协议》，约定解除双方的《资产委托服务合同》。同一天，刘女士与 A 房产公司签订《合同解除协议》，约定解除双方的《房屋租赁合同》，A 房产公司退还刘女士租金 56513 元。

之后，刘女士要求李先生退还该租金无果，遂诉至法院。刘女士向法院提出请求：判令李先生退回其房屋租金及押金损失 56513 元，李先生赔偿资金占用期间的利息损失，李先生承担本案的一切诉讼费用。

法院经审理认为，本案为房屋租赁合同纠纷。李先生与 A 房产公司签订的合同虽然名为"资产委托服务合同"，但合同内容约定 A 房产公司对外出租，李先生按月收取固定收益，该合同应认定为租赁合同而非委托合同。刘女士主张由李先生履行 A 房产公司承诺的退款义务，缺乏依据，法院不予支持。依照《中华人民共和国民法典》第五百零九条、第五百八十五条规定，判决驳回刘女士的全部诉讼请求；案件受理费 606 元，由刘女士负担。

刘女士对判决有异议，于是提起上诉。二审法院则认为一审判决处理结果正确，予以维持。依照《中华人民共和国民事诉讼法》第一百七十七条第一款第一项的规定，二审法院判决驳回上诉，维持原判。

分析解读

房屋租赁纠纷属于合同纠纷，合同具有相对性原理，不能突破合同约定直接向房屋业主要求退回租金，除非行使代位权。本案例中，刘女士从 A 房产公司处租赁了房屋，A 房产公司在《房屋租赁合同》中承诺退房时退回房屋租金和押金，但是公司作出的承诺并不代表房屋业主本人的承诺，刘女士向房屋业主本人要求退回租金和押金于法无据。租房时，承租人一定要谨慎对待，看清签合同的主体出租人是谁，对于出租人作出的承诺，必须落实到书面合同中才算有效。

通常，如果租赁合同没有规定押金的性质或规则，则押金将被视为预付租金处理，无论如何都必须退还；如果押金的作用是为房屋和房屋内的财产设置担保，租赁期间如造成出租人房屋及室内设施财产损失的，将从押金中扣除，其余部分必须退还。当需要退租金和押金时，承租人应与出租人进行协商，如果不能达成协商，可以提起诉讼。

法条援引

《中华人民共和国民法典》

第五百零九条 当事人应当按照约定全面履行自己的义务。

当事人应当遵循诚信原则，根据合同的性质、目的和交易习惯履行通知、协助、保密等义务。

当事人在履行合同过程中，应当避免浪费资源、污染环境和破坏生态。

第五百八十五条 当事人可以约定一方违约时应当根据违约情况向对方支付一定数额的违约金，也可以约定因违约产生的损失赔偿额的计算方法。

约定的违约金低于造成的损失的，人民法院或者仲裁机构可以根据当事人的请求予以增加；约定的违约金过分高于造成的损失的，人民法院或者仲裁机构可以根据当事人的请求予以适当减少。

当事人就迟延履行约定违约金的，违约方支付违约金后，还应当履行债务。

中介将房屋群租了，房主会承担什么后果？

经典案例

2017 年 12 月，王女士将名下一套四居室住房交由中介公司出租，每月收取房租。2018 年 5 月，王女士收到当地城管部门的罚单，指明王女士名下的房产存在群租事实，要求责令整改并缴纳罚金。

王女士来到出租的住房检查，发现房屋已被隔成 9 间房，玄关和客厅均被打隔断，每间房分别居住了不同的租户。王女士当即联系中介公司，然而，中介公司却表示对此毫不知情，不承认自己群租了该房屋，一再强调自己只是把房子租给了 4 个人。王女士与租客了解情况之后，发现屋内共住了 16 个人。

王女士与中介公司互相表示自己没有责任，最终王女士将中介公司诉至法院。法院经审理查明，王女士委托中介公司出租之后，中介公司便将房子出租给了 4 个"二房东"。"二房东"们则将该房屋打隔断，形成总共 9 个房间，租给下一级租客，每月从租客那里收取租金后再抽出一部分给中介公司，中介公司再从中拿出一部分给王女士作为租金。法院判决，整个事件中，王女士、中介公司、"二房东"均有责任。王女士虽然对此不知情，但根据法律规定也需要承担一部分责任并缴纳罚金；中介公司则因涉嫌无证经营被勒令停业整顿；群租所设置的隔断墙等违建也被勒令拆除整治。

分析解读

《中华人民共和国民法典》第七百一十一条明确规定，承租人未按照约定的方法或者未根据租赁物的性质使用租赁物，致使租赁物受到损失的，出租人可以解除合同并请求赔偿损失。该案例中，"二房东"没有告知中介公司，私自将王女士的房子打了隔断做成群租房，进而导致王女士被城管部门通知并处以罚款。根据"租房不得破坏原有结构，不得改变房屋结构及用途"的相关规定，王女士可以要求解除租赁合同并向中介公司提出赔偿。但是，在法律面前，相关责任主体包括房东、中介公司、"二房东"乃至租客都要受到相应处罚。因此，法院判决三方均需要承担责任并缴纳罚金。

群租房是指将住宅通过改变房屋结构和平面布局，把房间分割改建成若干小间，分别按间出租或按床位出租的情况。群租房内人员居住密集，过度占用了住宅内的电梯等社会公共资源。并且群租房内住户的安全问题很难得到保证，一旦出现火灾或者其他险情，极易出现人员伤亡。

在房屋出租后，出租人需要不定时在征得租客同意后查看房屋情况，这样不仅可以防止租客或者二房东违规打隔断对房屋造成损害，也可以及时帮助租客解决一些维护问题。

还需注意的是，无论是房东还是中介公司，作为出租人一方，都需要在当地派出所备案，签订《治安责任保证书》。如果出现违规租赁行为，如群租、传销等，出租人将会受到相关行政处罚，在惩罚履行结束之前该房屋将被限制买卖。

法条援引

《中华人民共和国民法典》

第七百一十一条　承租人未按照约定的方法或者未根据租赁物的性质使用租赁物，致使租赁物受到损失的，出租人可以解除合同并请求赔偿损失。

《住宅室内装饰装修管理办法》

第五条　住宅室内装饰装修活动，禁止下列行为：

（一）未经原设计单位或者具有相应资质等级的设计单位提出设计方案，变动建筑主体和承重结构；

（二）将没有防水要求的房间或者阳台改为卫生间、厨房间；

（三）扩大承重墙上原有的门窗尺寸，拆除连接阳台的砖、混凝土墙体；

（四）损坏房屋原有节能设施，降低节能效果；

（五）其他影响建筑结构和使用安全的行为。

本办法所称建筑主体，是指建筑实体的结构构造，包括屋盖、楼盖、梁、柱、支撑、墙体、连接接点和基础等。

本办法所称承重结构，是指直接将本身自重与各种外加作用力系统地传递给基础地基的主要结构构件和其连接接点，包括承重墙体、立杆、柱、框架柱、支墩、楼板、梁、屋架、悬索等。

👤 房东卖房，租期未到是否拥有继续居住权？

经典案例

2018 年 10 月，李先生将名下的一套三居室租给了黄先生。双方签订了《房屋租赁合同书》，约定租赁期限为 5 年，每月租金4100 元，租约期内不涨租金，且黄先生有转租的权利；双方均不得借故解除合同，当事人一方如有正当理由要求解除合同时，需要提前 1 个月通知对方并征得对方同意，且由提出解除合同的一方支付 1 个月租金作为违约赔偿金；如果租赁期间李先生违约，则赔偿金按 50000 元来算，即每年按 10000 元折算。

2018 年 11 月，黄先生将房屋转租给赵先生。2019 年 4 月，李先生委托中介将房屋出售，并与买家签订《存量房屋买卖合同》，于签约当日办理不动产登记。

对此，黄先生认为李先生此举侵害了自己作为承租人的优先购买权，将李先生诉至法院。李先生称，他早在 2019 年 3 月就已经通过中介转告黄先生即将出售案涉房屋。黄先生是限购对象，并未真实居住在案涉房屋里，不符合购房条件，双方未达成买卖协议。在收取购房人定金的前两天，自己再次通过中介告知黄先生房屋即将出售，并问其是否要以同等价格购买案涉房屋，黄先生并不同意以同等价格购买。

法院经审理后认为，依据相关法律规定，出租人出卖租赁房屋未在合理期限内通知承租人或者存在其他侵害承租人优先购买权情形，承租人请求出租人承担赔偿责任的，人民法院应予支持。本案中，李先生未提供证据证明其出售案涉房屋时在合理期限内通知承租人黄先生，侵害了承租人黄先生的优先购买权。同时，李先生也没有证据证明其与黄先生交易时，黄先生属于限制交易对象，李先生应当承担不利的后果。法院最终判决李先生赔偿黄先生经济损失共计 11 万余元，并返还押金及租金共计 1 万余元。一审判决后李先生不服又提起上诉，二审判决维持一审判决。

分析解读

现实生活中，有些承租方因其暂时不亲自居住而将所租赁到的房屋经出租方同意后转租，以减轻租金压力，或承租方本就欲当"二房东"，将房屋合法转租后赚取租金差价，这些行为均为正常的商业投资行为，也未超出承租人对租赁物使用、取得收益的范畴，其系合法的承租人。

承租人优先购买权是指出租人出卖不动产时，基于租赁合同关系，承租人在同等条件下，依照法律规定享有优先于其他人购买该不动产的权利。

出租人和承租人订立了租赁合同，在租赁期间，出租人出卖房屋，房屋的所有权可以进行买卖，但租赁关系不能自动消除，这就是我们常说的"买卖不破租赁"。

侵犯承租人的优先购买权，并不会导致《房屋买卖合同》无效，但是承租人可以要求出租人承担赔偿责任。

法条援引

《中华人民共和国民法典》

第三百零五条　按份共有人可以转让其享有的共有的不动产或者动产份额。其他共有人在同等条件下享有优先购买的权利。

第七百二十六条　出租人出卖租赁房屋的，应当在出卖之前的合理期限内通知承租人，承租人享有以同等条件优先购买的权利；但是，房屋按份共有人行使优先购买权或者出租人将房屋出卖给近亲属的除外。

出租人履行通知义务后，承租人在十五日内未明确表示购买的，视为承租人放弃优先购买权。

房产中介承诺买房赠送花园，有法律效力吗？

经典案例

2021年10月，宋女士看中了一处一楼带庭院的房子。房产中介告诉她，目前房屋内暂时没有通道直接连到房后的庭院，但购房后将阳台打通形成自家进入庭院的通道，将花园围合起来，就可以形成一个带花园的房子了。

在办理购房合同时，宋女士要求房产销售公司将赠送的花园写入合同，但房产销售人员表示没必要，理由是销售人员所在房产销售公司与该小区物业是一起的，将花园围起来不会有人追究。于是，宋女士与房产销售公司签订了购房合同，并支付了全部房款。

房子交付后，宋女士在房屋装修时打造了一个通向房屋后"自家花园"的专门通道，但建好后遭到了物业公司的举报。随后，城管介入，责令宋女士将阳台恢复至原状。后经多方协商，房产销售公司支付了恢复整改费用及城管罚款共5500元。但是，将阳台恢复原状后，中介承诺的"赠送花园"也就没有了。

宋女士将房产销售公司诉至法院，认为房产销售公司作为房屋的出售方，以故意欺骗、编造谎言、歪曲事实的手段出售房屋达到获利的目的，要求房产销售公司按花园面积25平方米计算，共赔偿其损失 30 万元。房产销售公司则认为，双方签订的认购书及预售合同中约定的交易标的物仅为涉案房屋，不包括花园，一楼临界的绿地也并非交易标的物，并且自己已经给了宋女士最低价的优惠，宋女士不存在任何损失。

法院经审理认为，宋女士并未举证证明房屋总价中包含了将来违法改建可得的花园价值，也不应包含通过侵占其他第三方权益可得的花园价值。故宋女士主张的价值损失没有事实和法律依据，法院不予支持。

分析解读

法院认为，本案争议的焦点在于花园是否为房产销售公司承诺的房屋交付条件。预售合同中明确约定交付商品房的面积不包括花园面积，且补充条款里也载明如房产销售公司交付庭院（花园）需满足三个条件：与相连房屋设置专有通道、不设公共通道、采取围合措施。但系争房屋前面的公共绿地并不符合上述条件。房产销售公司已按约交付系争房屋。

宋女士虽然被"底楼附赠花园"的宣传吸引，但她在签订合同之前已经实际查看现场，且从双方的微信聊天记录可见，宋女士对于公共绿地的性质以及将公共绿地改成"花园"的法律后果均有基本的预见和判断。

虽然从房产销售公司的工作人员所作宣传及其与宋女士的聊天记录可看出，房产销售公司为销售房屋向宋女士提出了交房后可将公共绿地侵占变更为花园的建议，但并不能视为房产销售公司在合同之外做了交付的房屋附带花园的承诺。故宋女士的赔偿请求法院不予支持。

　　很多居民认为，自己家门前或屋后的绿地是属于自己的，拥有所有权和使用权，但事实上并非如此，开放式小区居民对公共绿地没有所有权，不能想占就占。我国法律规定建筑区划内的绿地，属于业主共有，但是属于城镇公共绿地或者明示属于个人的除外。对于开放式小区的公共设施，业主拥有共同使用权，个别居民的乱占乱用，必然侵犯其他业主的使用权。

法条援引

《中华人民共和国民法典》

　　第二百七十四条　建筑区划内的道路，属于业主共有，但是属于城镇公共道路的除外。建筑区划内的绿地，属于业主共有，但是属于城镇公共绿地或者明示属于个人的除外。建筑区划内的其他公共场所、公用设施和物业服务用房，属于业主共有。

《最高人民法院关于审理商品房买卖合同纠纷案件适用法律若干问题的解释》

　　第三条　商品房的销售广告和宣传资料为要约邀请，但是出卖人就商品房开发规划范围内的房屋及相关设施所作的说明和允诺具体确定，并对商品房买卖合同的订立以及房屋价格的确定有重大影响的，构成要约。该说明和允诺即使未载入商品房买卖合同，亦应当为合同内容，当事人违反的，应当承担违约责任。

借用未成年子女名义买的房，归谁所有？

经典案例

包先生和洪女士为夫妻关系，他们有一个儿子小包。包先生名下已有一套住房。2016 年，夫妻二人购买第二套房，为了减少首付和贷款利率，于是将房子登记在 17 岁的小包名下，并将房子出租以收取租金。

2020 年，小包对于父母长期沉迷于炒股很是不满，洪女士也不满意小包交往的女朋友，母子二人由此矛盾频发。于是，小包决定搬出去住，不经父母同意将房子退租，用于个人居住。

包先生夫妇将小包起诉至法院，主张小包名下的房屋是夫妻二人的共同财产，与小包没有任何关系；当初将房屋登记在未成年的小包名下只是借儿子名义买房，目的是省税费，要求收回房产。小包则坚定地认为房子就是父母送给自己的，当时写在自己名下就是赠与的意思表示，不存在借名买房这一说。

最终法院经审理认为包先生夫妇"借名买房"缺乏事实依据，驳回了包先生夫妇收回房子的诉讼请求，判定该套房归小包所有。

分析解读

从房屋产权登记来看，新房的所有权人是小包。虽然新房确实是包先生夫妇出资购买，但根据法律规定，房屋的归属应当以登记

第四章　购房与租房

121

为准，出资购买行为并不必然获得不动产的权属。

包先生夫妇主张"借名买房"，但却没有书面的约定，因此很难从现有事实推定借名买房存在的可能性，并不能得出包先生夫妇出资购房的行为是为自己购房的唯一性结论，也有可能是为家庭购房或为小包购房。

法条援引

《中华人民共和国民法典》

第三十五条 监护人应当按照最有利于被监护人的原则履行监护职责。监护人除为维护被监护人利益外，不得处分被监护人的财产。

未成年人的监护人履行监护职责，在作出与被监护人利益有关的决定时，应当根据被监护人的年龄和智力状况，尊重被监护人的真实意愿。

成年人的监护人履行监护职责，应当最大程度地尊重被监护人的真实意愿，保障并协助被监护人实施与其智力、精神健康状况相适应的民事法律行为。对被监护人有能力独立处理的事务，监护人不得干涉。

第二百零九条 不动产物权的设立、变更、转让和消灭，经依法登记，发生效力；未经登记，不发生效力，但是法律另有规定的除外。

依法属于国家所有的自然资源，所有权可以不登记。

校园与职场 ›››

学生课间相互玩闹致伤，学校是否要承担责任？

经典案例

在一次课间，小学生小杰与其他同学在教学楼楼道上玩游戏，互相推搡中有五名同学先后压到小杰身上，导致小杰的牙齿磕碰到地面，造成两颗牙齿受伤。事后，家长带小杰去医院进行检查和治疗。经鉴定，小杰所受的伤不构成伤残等级，但后期需定期复查并进行修复治疗。事故发生后，小杰的家长认为学校没有尽到教育与管理职责，五位同学是导致小杰受伤的直接责任人，于是将学校和五位同学及其家长诉至法院。

法院经审理认为，事故发生在课间休息期间，五位同学均是致使小杰受伤的可能致害人，在校学习期间没有严格遵守学校的安全行为规定，下课期间进行有一定危险性的游戏，互相推搡，进而导致小杰倒地受伤，其行为与小杰受伤存在因果关系；学校虽制定有较为规范、完善的校园安全管理制度，但在落实中没有严格执行，特别是在发现学生进行的游戏可能存在安全隐患后未及时制止，对造成小杰受伤亦存在过错；小杰在事故发生过程中，主动、积极参与同学间游戏，互相嬉戏打闹，其行为与造成自己受伤亦存在因果关系，对自身损失亦应承担一定的责任。综合考虑案件实际情况及小杰和五名同学的民事行为能力、各方的过错程度等，法院酌定小杰自行承担30%的医疗费用，余下70%的赔偿责任由学校承担其中的50%，赔偿小杰1万余元，另外5名同学及其家长每个家庭单位各赔偿小杰2000元。案件宣判后，各位当事人均服判息诉，未提起上诉。

分析解读

活泼好动是孩子的天性，校园内因课间嬉闹导致意外事件时有发生。学生课间玩耍受伤，学校承担相应的补充责任。根据我国相关法律规定，无论是无民事行为能力还是限制民事行为能力的孩子在学校受到了同学（第三人）造成的人身损害，将由造成人身损害的同学承担侵权责任，学校没有尽到相应的管理义务的，将承担相应的补充责任。学校承担相应补充责任后，可以向造成人身损害的学生进行追偿。

为避免此类情况发生，家长需要履行好监护职责，加强对孩子的教育约束，引导孩子遵纪守法，提高自我防护意识；学校作为教育机构，应履行安全保障义务，切实落实管理和教育职责。

法条援引

《中华人民共和国民法典》

第一千一百八十八条 无民事行为能力人、限制民事行为能力人造成他人损害的，由监护人承担侵权责任。监护人尽到监护职责的，可以减轻其侵权责任。

有财产的无民事行为能力人、限制民事行为能力人造成他人损害的，从本人财产中支付赔偿费用；不足部分，由监护人赔偿。

第一千一百九十九条 无民事行为能力人在幼儿园、学校或者其他教育机构学习、生活期间受到人身损害的，幼儿园、学校或者其他教育机构应当承担侵权责任；但是，能够证明尽到教育、管理职责的，不承担侵权责任。

第一千二百条 限制民事行为能力人在学校或者其他教育机构学习、生活期间受到人身损害，学校或者其他教育机构未尽到教育、管理职责的，应当承担侵权责任。

👤 学生在校内被校外人员所伤，学校是否需要承担责任？

经典案例

2016 年 5 月 10 日傍晚，两名身份不明的人员闯入 A 中学，并进入该校初一班级里，用水果刀将正在上课的小晨刺伤，致使小晨脾脏受伤后被切除，构成五级伤残。经历此次事件，小晨的心理留下很大的创伤。这期间伤人者一直未被抓获归案。

小晨的父亲认为学校未尽到保护学生的义务，要求学校支付医疗费、护理费、精神损失费等共计 15 万元。但校方表示，事发时讲课教师已经带领学生采取了制止并追赶伤人者的行为，后又及时报警；并且学校为了保证学生安全，还制定了治安管理规定，聘用了保安人员，履行了安全保护的义务。学生受到的伤害为校外歹徒所致，与学校无关，学校不应承担责任。

小晨的父母将学校诉至法院。当地法院经审理认为，根据相关法律规定，学校、幼儿园或者其他教育机构对未成年人依法负有教育、管理、保护义务。本案中小晨是在就学期间受到外来人员伤害的，并构成五级伤残。故法院支持小晨父母的赔偿要求，判决学校赔偿小晨11万元。

分析解读

根据《中华人民共和国民法典》第一千二百零一条的规定，无民事行为能力人或者限制民事行为能力人在幼儿园、学校或者其他教育机构学习、生活期间，受到幼儿园、学校或者其他教育机构以外的第三人人身损害的，由第三人承担侵权责任；幼儿园、学校或者其他教育机构未尽到管理职责的，承担相应的补充责任。幼儿园、学校或者其他教育机构在承担补充责任后，可以向第三人追偿。

结合本案例，虽然学校事先制定了安全管理规定，聘用了保安人员，事发时作出了制止和追赶行为，并及时报警，但是作为在校学生的实际管理者，未能有效阻止校外人员进入校园，发生伤害事故时也未能进行有效制止，很明显学校存在一定的管理失职，理应依法承担相应的补充责任。

法条援引

《中华人民共和国民法典》

第一千二百零一条 无民事行为能力人或者限制民事行为能力人在幼儿园、学校或者其他教育机构学习、生活期间，受到幼儿园、学校或者其他教育机构以外的第三人人身损害的，由第三人承担侵权责任；幼儿园、学校或者其他教育机构未尽到管理职责的，承担相应的补充责任。幼儿园、学校或者其他教育机构承担补充责任后，可以向第三人追偿。

借银行卡给他人以赚取佣金，当心判刑！

经典案例

小李和小张是在校大学生。一天，小李在网上看到一则兼职招聘信息，称只要提供银行卡借给他人使用，就可以获得 500 元每天的好处费。小李立马将招聘信息告知好朋友小张。两人商量之后认为借出的卡只要是新卡，不往里面存钱就不会亏钱，而且不绑定个人社交账号应该就没有风险。于是二人决定一同去办理新卡，参加该兼职。

小李和小张去银行各自办理了一张银行卡，银行工作人员让其阅读并签署《开设个人银行结算账户涉通讯网络新型违法犯罪法律责任及防范提示告知书》，并且明确告知出租银行卡的行为可能涉嫌违法犯罪，但两人依旧办理了银行卡。

次日，小张和小李将各自办理的新银行卡、办理银行卡时所用的手机号卡、银行卡密码等交给王先生进行转账使用。当天晚上，小张通过银行 App 查询银行卡交易明细，发现自己银行卡当日的交易流水为 50 万元。小张不知道的是其中包括受害人转入的 14 万元。同样的，小李银行卡当日的交易流水为 60 万元，其中包括有报案记录的电信诈骗 4 名受害人的 50 万元。

一个月后，受害人到公安局报案。最终民警在大学校园内将小张和小李抓获。直至被抓获时，小张和小李都觉得自己只是出借银行卡，并没有构成犯罪。最终，法院判决小张和小李因构成帮助信息网络犯罪活动罪判处有期徒刑 7 个月，并处罚金 1000 元。

分析解读

随着网络的发展，检察机关查办的帮助信息网络犯罪活动罪（简称"帮信罪"）案件量暴增。涉及"帮信罪"的案例已成电信网络诈骗中较为常见的情形，很多人贪图小利，抱有侥幸心理或对网络安全相关的法律不了解是导致此类案件高发的原因之一。

判"帮信罪"有个大前提，就是明知他人在从事电信网络犯罪，从事违法活动，仍为其提供帮助。就算表示不知情，法官还是会根据获利情况等因素，判断你是否有条件知情。

银行规定所有的信用卡和借记卡都是实名制的，并且只限本人使用，如将自己的银行卡借给他人使用，由此产生的任何后果均由卡主本人负责。如果借卡人有犯罪行为，如贩毒、洗钱、走私、诈骗等违法犯罪行为，公安人员就会通过身份证和银行卡追究到卡主。

在明知他人利用信息网络实施犯罪的前提下，除了借银行卡给他人使用可能犯帮信罪，还有其他的情形也属于帮信罪的范畴，比如为犯罪提供互联网接入、服务器托管、网络存储、通信传输等技术支持，或者提供广告推广、支付结算等帮助。犯帮信罪情节严重的，会处三年以下有期徒刑或者拘役，并处或者单处罚金。

·········(法条援引)·········

《中华人民共和国刑法》

第二百八十七条之二 明知他人利用信息网络实施犯罪，为其犯罪提供互联网接入、服务器托管、网络存储、通信传输等技术支持，或者提供广告推广、支付结算等帮助，情节严重的，处三年以下有期徒刑或者拘役，并处或者单处罚金。

单位犯前款罪的，对单位判处罚金，并对其直接负责的主管人员和其他直接责任人员，依照第一款的规定处罚。

有前两款行为，同时构成其他犯罪的，依照处罚较重的规定定罪处罚。

《最高人民法院、最高人民检察院关于办理非法利用信息网络、帮助信息网络犯罪活动等刑事案件适用法律若干问题的解释》

第十二条 明知他人利用信息网络实施犯罪，为其犯罪提供帮助，具有下列情形之一的，应当认定为刑法第二百八十七条之二第一款规定的"情节严重"：

（一）为三个以上对象提供帮助的；

（二）支付结算金额二十万元以上的；

（三）以投放广告等方式提供资金五万元以上的；

（四）违法所得一万元以上的；

（五）二年内曾因非法利用信息网络、帮助信息网络犯罪活动、危害计算机信息系统安全受过行政处罚，又帮助信息网络犯罪活动的；

（六）被帮助对象实施的犯罪造成严重后果的；

（七）其他情节严重的情形。

实施前款规定的行为，确因客观条件限制无法查证被帮助对象是否达到犯罪的程度，但相关数额总计达到前款第二项至第四项规定标准五倍以上，或者造成特别严重后果的，应当以帮助信息网络犯罪活动罪追究行为人的刑事责任。

试用期员工能随意解聘吗?

经典案例

2019 年 10 月 22 日，张女士入职经营旅游业务的 A 公司，岗位为经理。双方约定试用期为 6 个月，于 2020 年 4 月 21 日止，基本工资均为 22000 元，绩效工资均为 5500 元。

2020 年年初，公司业务发展受到大环境影响，张女士的工作也无法正常开展。2020 年 4 月 20 日，A 公司向张女士发出《解除劳动关系通知书》，提出在支付工资、五险一金以外，支付张女士解除劳动关系各项经济补偿 13096 元。

张女士认为公司以"客观情况发生重大变化"为由辞退自己，并不合法，而且 A 公司还欠自己固定奖金、绩效工资、十三薪、加班工资、年休福利等未发。A 公司则认为，"劳动合同订立时所依据的客观情况发生重大变化，致使劳动合同无法履行"这条法律条款只适合正式员工，并不适合试用期员工，因此公司是合法解除与张女士的劳动关系。

为此，张女士向当地劳动仲裁委员会提出仲裁申请。最终劳动仲裁委员会裁定，A公司违法解除劳动合同，需支付赔偿金29811.25元，另外还需支付16个小时的加班费5057.47元、未休2天年假的补偿费5057.47元，合计39926.19元。

A公司对仲裁结果无异议，但张女士认为劳动仲裁所判的赔偿金不足，她认为赔偿金应为83368.9元，其中应包括预先约定的固定奖金差额48181.8元，少发的绩效工资2200元以及2020年的十三薪差额6848.65元。

张女士将A公司诉至法院。法院经审理认为，张女士主张的固定奖金、绩效工资差额及十三薪补偿事项，双方均没有有效举证，因此不予支持。法院判决维持劳动仲裁结果原判，A公司需支付张女士各种费用，合计39926.19元。张女士对判决不服，提起上诉，二审维持原判。

分析解读

依据《中华人民共和国劳动合同法》相关规定，除非试用期员工存在不符合录用条件、严重违规、严重失职、患病导致无法工作，或者经过培训或者调岗仍然不能胜任工作岗位，公司可以辞退该员工。其他的因客观情况发生重大变化导致劳动合同无法履行的，和正式员工一样，需要支付给员工合理的赔偿。A公司辞退张女士的理由"劳动合同订立时所依据的客观情况发生重大变化，致使劳动合同无法履行"只适合正式员工，并不适合试用期员工，是不成立的。

━━━━━━ 法条援引 ━━━━━━

《中华人民共和国劳动合同法》

第十九条 劳动合同期限三个月以上不满一年的，试用期不得超过一个月；劳动合同期限一年以上不满三年的，试用期不得超过二个月；三年以上固定期限和无固定期限的劳动合同，试用期不得超过六个月。

同一用人单位与同一劳动者只能约定一次试用期。

以完成一定工作任务为期限的劳动合同或者劳动合同期限不满三个月的，不得约定试用期。

试用期包含在劳动合同期限内。劳动合同仅约定试用期的，试用期不成立，该期限为劳动合同期限。

第四十条 有下列情形之一的，用人单位提前三十日以书面形式通知劳动者本人或者额外支付劳动者一个月工资后，可以解除劳动合同：

（一）劳动者患病或者非因工负伤，在规定的医疗期满后不能从事原工作，也不能从事由用人单位另行安排的工作的；

（二）劳动者不能胜任工作，经过培训或者调整工作岗位，仍不能胜任工作的；

（三）劳动合同订立时所依据的客观情况发生重大变化，致使劳动合同无法履行，经用人单位与劳动者协商，未能就变更劳动合同内容达成协议的。

第五章 校园与职场

无偿帮工致伤，被帮工人是否需要承担责任?

经典案例

2021 年 3 月，何女士在自己家宅基地上盖新房，张工是负责该项目的建筑人员。3 月 14 日，张工因前期工作有些过失而独自留在建房现场加班，何女士见状很热情地过来帮忙。然而在一起抬重物的过程中，何女士不慎踩到地上的沙土滑倒，而后无法自行站立，最终被送到医院检查，诊断结果为 L1 椎体压缩性骨折，由司法鉴定为伤残 9 级。

何女士认为，自己是在劳动中受伤，是无偿提供劳务的帮工，与张工算是存在另类的劳动关系，项目负责人张工应该对此负责，赔偿她的相关损失 12 万元。何女士多次去找张工索赔。张工则认为自己责任很小，且没有主动要求何女士帮忙，是何女士对自身的能力估算不足主动帮忙导致受伤，于情于理都不该由自己全额赔偿。

2021 年 5 月，何女士将张工诉至法庭。法院经审理认为，何女士帮助张工抬重物的行为是助人为乐的合法行为，张工是何女士提供劳务的实际受益者；何女士身体受伤是在帮助张工抬重物的过程中发生的，帮工活动与人身损害有着直接的因果关系；施工现场地面有沙子，帮工环境存在安全隐患，另外何女士所穿的鞋子防滑度较差，不适合在施工现场工作，张工未尽到安全提醒的责任。相关的法律法规规定，无偿提供劳务的帮工，在帮工过程中出了意外，双方按照过错来承担责任。张工和何女士是受益主体，张工应该对雇主帮工受伤负责，而何女士疏于加强自身安全防范同样要承担一定的过失，承担一定的赔偿数额。法院最终判决张工赔偿何女士各项损失 7.8 万余元。

分析解读

传统的思想观念认为，既然是自己主动提供无偿帮工行为致伤，主要责任就在自己，被帮工人出于人道主义给予赔偿就行。但是此类想法是错的，也是不符合法律的。

我国法律法规规定，无偿提供劳务的帮工人因帮工活动遭受人身损害的，被帮工人不承担全部责任，根据帮工人和被帮工人各自的过错承担相应的责任；被帮工人明确拒绝帮工的，被帮工人不承担赔偿责任。因第三人的行为遭受人身损害的，由第三人承担赔偿责任。

法条援引

《中华人民共和国民法典》

第一千一百九十一条 用人单位的工作人员因执行工作任务造成他人损害的，由用人单位承担侵权责任。用人单位承担侵权责任后，可以向有故意或者重大过失的工作人员追偿。

劳务派遣期间，被派遣的工作人员因执行工作任务造成他人损害的，由接受劳务派遣的用工单位承担侵权责任；劳务派遣单位有过错的，承担相应的责任。

员工自愿不交社保，用人单位就没风险了吗？

经典案例

童先生于 2010 年 5 月进入 A 公司工作，工作岗位为操作工，双方签订了《劳动合同书》。工作期间，A 公司没有为童某缴纳社会保险。

2016 年 6 月，童先生以 A 公司未为其缴纳社会保险为由提出解除劳动合同，并向 A 公司邮寄了《解除劳动合同通知书》。A 公司主张未为童先生缴纳社会保险是因为其本人曾向单位出具自愿不缴纳社会保险的保证书，所以未缴纳社会保险的责任在童先生本人，不同意支付解除劳动合同的经济补偿金。

童先生向当地劳动部门提起仲裁。劳动仲裁委员会审理后认为，根据《中华人民共和国社会保险法》及相关规定，用人单位应自用工之日起三十日内为劳动者办理社会保险缴纳手续。童先生于 2010 年即进入 A 公司工作，虽然出具了自愿不缴纳社会保险的保证书，但是依法缴纳社会保险是《中华人民共和国社会保险法》和《中华人民共和国劳动法》规定的劳动关系双方的义务，用人单位和劳动者必须依法参加社会保险，缴纳社会保险费。可见，依法缴纳社会保险是法律规定的一项强制性义务，即便童先生出具了保证书也是违法的，A公司的主张不能够作为其未为童先生缴纳社会保险的理由。根据《中华人民共和国劳动合同法》第三十八条第一款第（三）项的规定，用人单位未依法缴纳社会保险的，劳动者可以解除劳动合同，用人单位还需要支付解除劳动合同经济补偿金。

分析解读

依法缴纳社会保险虽然让用人单位承担了一些费用，但其也可以规避可能发生的风险。如果用人单位依法缴纳工伤保险，劳动者发生工伤意外时所引发的支付工伤待遇的主要义务由工伤保险基金支付，医疗、生育、失业、养老等也类似。但如果用人单位未依法缴纳社会保险，造成劳动者损失的，用人单位是要承担赔偿责任的，孰轻孰重不言自明。

法条援引

《最高人民法院关于审理劳动争议案件适用法律问题的解释（一）》

第一条 劳动者与用人单位之间发生的下列纠纷，属于劳动争议，当事人不服劳动争议仲裁机构作出的裁决，依法提起诉讼的，人民法院应予受理：

（一）劳动者与用人单位在履行劳动合同过程中发生的纠纷；

（二）劳动者与用人单位之间没有订立书面劳动合同，但已形成劳动关系后发生的纠纷；

（三）劳动者与用人单位因劳动关系是否已经解除或者终止，

以及应否支付解除或者终止劳动关系经济补偿金发生的纠纷；

（四）劳动者与用人单位解除或者终止劳动关系后，请求用人单位返还其收取的劳动合同定金、保证金、抵押金、抵押物发生的纠纷，或者办理劳动者的人事档案、社会保险关系等移转手续发生的纠纷；

（五）劳动者以用人单位未为其办理社会保险手续，且社会保险经办机构不能补办导致其无法享受社会保险待遇为由，要求用人单位赔偿损失发生的纠纷；

（六）劳动者退休后，与尚未参加社会保险统筹的原用人单位因追索养老金、医疗费、工伤保险待遇和其他社会保险待遇而发生的纠纷；

（七）劳动者因为工伤、职业病，请求用人单位依法给予工伤保险待遇发生的纠纷；

（八）劳动者依据劳动合同法第八十五条规定，要求用人单位支付加付赔偿金发生的纠纷；

（九）因企业自主进行改制发生的纠纷。

《中华人民共和国社会保险法》

第二条 国家建立基本养老保险、基本医疗保险、工伤保险、失业保险、生育保险等社会保险制度，保障公民在年老、疾病、工伤、失业、生育等情况下依法从国家和社会获得物质帮助的权利。

第五十八条 用人单位应当自用工之日起三十日内为其职工向社会保险经办机构申请办理社会保险登记。未办理社会保险登记的，由社会保险经办机构核定其应当缴纳的社会保险费。

自愿参加社会保险的无雇工的个体工商户、未在用人单位参加社会保险的非全日制从业人员以及其他灵活就业人员，应当向社会保险经办机构申请办理社会保险登记。

国家建立全国统一的个人社会保障号码。个人社会保障号码为公民身份号码。

👤 因拖欠工资离职，劳动者可以要求经济补偿吗？

经典案例

赵先生于 2018 年 9 月入职了主营产品销售的 A 公司，双方签订了 2 年期的劳动合同，合同中约定次月 17 日前发放上月工资。

自 2019 年 10 月起，A 公司以货款无法按时到账为由延期 1 到 3 个月发放工资。2020 年 9 月，赵先生与 A 公司续订劳动合同。同月，赵先生以 A 公司长期拖欠工资为由提出解除劳动关系，并要求 A 公司支付解除劳动合同的经济补偿金。A 公司认为，工资虽有延时发放，但是始终在 1 到 3 个月内发放，且未欠过员工工资，同时赵先生是在知悉且同意公司工资支付周期情况下续订劳动合同，且后来是自行离职，拒绝支付解除劳动合同经济补偿金。

赵先生将 A 公司起诉至法院。法院经审理认为，依据《中华人民共和国劳动合同法》相关规定，劳动者以用人单位未及时支付劳动报酬为由提出解除劳动合同的，用人单位应支付解除劳动合同经济补偿金。该案中，A 公司长期未按合同约定时间支付劳动报酬，赵先生以此为由提出解除劳动合同符合上述应支付经济补偿金的情形。A 公司主张赵先生对公司工资实际支付周期明确知晓并续订合同，应视为双方协商一致，但劳动者作为弱势一方，对用人单位实际履行合同行为只能被动接受，所以不应将劳动者续订合同行为视为双方对工资支付时间协商一致，进而作为用人单位不及时支付劳动报酬的合法依据。最终，法院判决 A 公司支付赵先生解除劳动合同的经济补偿金。

分析解读

《中华人民共和国劳动法》规定："工资应当以货币形式按月支付给劳动者本人。不得克扣或者无故拖欠劳动者的工资。""按月支付"既包括工资应当以月薪的形式发放，也包括应当每月支付，因此用人单位应当在自然月结束的 30 天内结算工资，超过 30 天即构成拖欠工资。本案例中，A 公司在没有经过劳动者同意的情况下，延期 1 到 3 个月发放工资，违反了《中华人民共和国劳动法》的相关规定，属于拖欠工资。

如果用人单位确因生产经营困难、资金周转受到影响，导致需要延期支付劳动者工资的，需要征得相关工会同意，在工会同意后，可以暂时延期支付劳动者工资。

为了维护自己的切身利益，在发现工资发放时间与约定时间不明时，劳动者可以先与用人单位进行友好协商，也可以向劳动行政部门反映，也可以要求解除劳动合同，并要求支付经济补偿金。

《中华人民共和国劳动合同法》

第三十八条 用人单位有下列情形之一的，劳动者可以解除劳动合同：

（一）未按照劳动合同约定提供劳动保护或者劳动条件的；

（二）未及时足额支付劳动报酬的；

（三）未依法为劳动者缴纳社会保险费的；

（四）用人单位的规章制度违反法律、法规的规定，损害劳动者权益的；

（五）因本法第二十六条第一款规定的情形致使劳动合同无效的；

（六）法律、行政法规规定劳动者可以解除劳动合同的其他情形。

用人单位以暴力、威胁或者非法限制人身自由的手段强迫劳动者劳动的，或者用人单位违章指挥、强令冒险作业危及劳动者人身安全的，劳动者可以立即解除劳动合同，不需事先告知用人单位。

第四十六条 有下列情形之一的，用人单位应当向劳动者支付经济补偿：

（一）劳动者依照本法第三十八条规定解除劳动合同的；

（二）用人单位依照本法第三十六条规定向劳动者提出解除劳动合同并与劳动者协商一致解除劳动合同的；

（三）用人单位依照本法第四十条规定解除劳动合同的；

（四）用人单位依照本法第四十一条第一款规定解除劳动合同的；

（五）除用人单位维持或者提高劳动合同约定条件续订劳动合

同，劳动者不同意续订的情形外，依照本法第四十四条第一项规定终止固定期限劳动合同的；

（六）依照本法第四十四条第四项、第五项规定终止劳动合同的；

（七）法律、行政法规规定的其他情形。

公司实行"末位淘汰制"合法吗？

经典案例

2015年5月10日，李先生入职A公司任职销售，A公司为李先生办理了社会保险。双方签订了书面劳动合同，约定合同期限至2017年5月10日止，月工资3500元，提成按公司制定的提成方案执行。

2017年2月17日，A公司以推行绩效激励制度，实行末位淘汰制为由，解除与李先生的劳动关系。双方办理了工作交接，A公司向李先生支付了补偿款7000元，而双方劳动关系解除前12个月李先生的平均工资为9924元。

2017年3月9日，李先生向A公司所在区的劳动人事争议仲裁委员会申请仲裁失败。于是，李先生向法院提起诉讼。法院经审理认为，劳动合同法第四十条第二项规定的"不能胜任"，是指劳动者不具备完成岗位任务的基本工作能力，"末位"与"不能胜任"不能直接画等号。末位淘汰并不属于劳动合同法规定的用人单位可以单方面解除劳动合同的事由和情形。因此，A 公司的行为属于违法解除劳动合同，A 公司应当支付李先生违法解除劳动合同的赔偿金。最终法院判决 A 公司向原告李先生支付违法解除劳动合同的赔偿金 32696 元。

分析解读

结合本案例，李先生当月考核排在末位，但这并不能证明他不能胜任该工作。即便员工不能胜任该项工作，法律也没有赋予用人单位立即解除劳动合同的权利。如果用人单位在劳动合同期限内通过"末位淘汰"等形式单方解除劳动合同，劳动者可以以用人单位违法解除劳动合同为由，请求用人单位支付赔偿金。

公司在实行末位淘汰制时，必须遵守相关法律法规，保障员工的合法权益。同时，公司应当与工会和劳动者协商，尽可能减少裁员数量，制定裁减方案并报经劳动行政部门批准后实施，给予被裁员工相应的经济补偿和福利待遇。

根据我国劳动法，公司实行"末位淘汰制"需要符合以下条件：

1.公司必须有正当的经济原因，如业务调整、市场变化等，导致需要裁员。

2.公司必须提前告知员工，并与员工进行协商，尽可能减少裁员数量。

3.公司必须按照法定程序进行裁员，包括向劳动部门报告、与工会协商等。

4.公司必须按照法定程序给予被裁员工相应的经济补偿和福利待遇。

因此，如果公司实行"末位淘汰制"符合以上条件，那么就是合法的。但是如果公司没有遵守法律程序，那么就是违法的。

·········· 法条援引 ··········

《中华人民共和国劳动合同法》

第四十条 有下列情形之一的，用人单位提前三十日以书面形式通知劳动者本人或者额外支付劳动者一个月工资后，可以解除劳动合同：

（一）劳动者患病或者非因工负伤，在规定的医疗期满后不能从事原工作，也不能从事由用人单位另行安排的工作的；

（二）劳动者不能胜任工作，经过培训或者调整工作岗位，仍不能胜任工作的；

（三）劳动合同订立时所依据的客观情况发生重大变化，致使劳动合同无法履行，经用人单位与劳动者协商，未能就变更劳动合同内容达成协议的。

第四十七条 经济补偿按劳动者在本单位工作的年限，每满一年支付一个月工资的标准向劳动者支付。六个月以上不满一年的，按一年计算；不满六个月的，向劳动者支付半个月工资的经济补偿。

劳动者月工资高于用人单位所在直辖市、设区的市级人民政府公布的本地区上年度职工月平均工资三倍的，向其支付经济补偿的标准按职工月平均工资三倍的数额支付，向其支付经济补偿的年限最高不超过十二年。

本条所称月工资是指劳动者在劳动合同解除或者终止前十二个月的平均工资。

👤 下班时间回复客户信息，算加班吗？

··············· 〔 经典案例 〕 ···············

鞠女士于 2019 年 4 月入职 A 公司担任社群运营专员，双方在劳动合同中约定执行不定时工时制度。2020 年 12 月，A 公司以鞠女士工作中出现失误，遭到客户投诉为由，解除了与鞠女士的劳动关系。

鞠女士将 A 公司诉至法院，要求公司支付她此前在公司任职期间的加班费。鞠女士称，她在下班后、休息日及法定节假日共计加班了 500 余小时，但公司并没有支付相关费用。为证明该主张，鞠女士列举了工作相关的微信群聊天记录、公司排班表和钉钉打卡记录截图，同时列举了"假期社群官方账号值班表"，以主张 A 公司安排她周末及法定节假日定期加班。对此，A 公司称值班内容就是负责休息日在客户群中对客户偶尔提出的问题进行回复，并非加班。

法院经审理认为，鞠女士与 A 公司在签约之初即约定执行不定时工作制，故该岗位工作时间包含休息日及下班后的时间回复客户问题；鞠女士提交的证据不足以证明其具体工作内容和时长。因此，法院对鞠女士的诉求不予支持。

鞠女士对一审判决不服，遂提起上诉。二审法院经审理认为，根据我国劳动法及相关规定，企业实行不定时工作制和综合计算工时工作制必须经劳动保障部门审批。本案中，虽然双方在合同中约定实行不定时工作制，但 A 公司未进行不定时工作制审批，因此 A 公司理应另外支付鞠女士下班后及节假日的加班工资。但是考虑到本案中鞠女士的加班主要体现为社交媒体上的客户维护，主要以解答问题为主，劳动者在加班的同时亦可从事其他生活活动，不宜以全部时长作为加班时长，加班时长根据在案证据情况酌定。二审改判 A 公司支付鞠女士加班费共计 3 万元。

分析解读

随着互联网的发展，下班、周末及节假日期间，公司需要员工利用网络社交媒体回复客户信息、沟通工作内容、开会等现象在职场中越来越普遍，人们称这种现象为"隐形加班"。这种"隐形加班"会给员工的休息和生活带来影响，增大员工的工作压力。但因"隐形加班"往往是不连续、不定时、不在工作场所提供工作劳动，故其时限很难定义。

本案例中，鞠女士提交的工作相关的微信群聊天记录、公司排班表和钉钉打卡记录截图以及"假期社群官方账号值班表"等证据，可以证明她在非工作时间付出了实际的劳动并且该工作是周期性的，并非 A 公司陈述的"对客户偶尔提出的问题进行回复"，因此可以证明鞠女士在 A 公司在职期间有加班的事实。

依据《中华人民共和国劳动合同法》规定，用人单位由于生产经营的需要，经与工会和劳动者协商后可以延长工作时间。因此 A 公司在与鞠女士约定执行不定时工作制度的同时，还需要经工会审批，征得工会和劳动者都同意才可以。

本案例中，鞠女士虽没有就公司辞退一事提起诉讼，但是A公司辞退鞠女士这一行为同样值得引起注意。鞠女士只是因工作出现失误即被辞退，如果仅仅是小失误，尚不构成严重失职，且并未给单位造成重大损失的，单位辞退劳动者属于违法解除劳动合同，应当依照经济补偿标准的二倍支付赔偿金。

法条援引

《中华人民共和国劳动合同法》

第三十一条　用人单位应当严格执行劳动定额标准，不得强迫或者变相强迫劳动者加班。用人单位安排加班的，应当按照国家有关规定向劳动者支付加班费。

《中华人民共和国劳动法》

第四十一条　用人单位由于生产经营需要，经与工会和劳动者协商后可以延长工作时间，一般每日不得超过一小时；因特殊原因需要延长工作时间的，在保障劳动者身体健康的条件下延长工作时间每日不得超过三小时，但是每月不得超过三十六小时。

单位强制"高强度工作"，可以不接受吗？

经典案例

童先生于 2020 年 8 月入职经营物流业务的 A 公司，双方订立了劳动合同，约定试用期为 3 个月，试用期月工资为 8000 元，工作时间执行公司规章制度相关规定。该公司规章制度规定，工作时间为早 9 时至晚 9 时，每周工作 6 天，即"996"工作制。

两个月后，童先生以工作时间严重超过法律规定上限为由拒绝超时加班安排，A 公司即以童先生在试用期间被证明不符合录用条件为由与其解除劳动合同。

童先生向 A 公司所在地区劳动人事争议仲裁委员会（简称仲裁委员会）申请仲裁，请求裁决 A 公司支付违法解除劳动合同赔偿金 8000 元。仲裁委员会裁决 A 公司向童先生支付违法解除劳动合同赔偿金 8000 元，并将案情通报给劳动保障监察机构，由劳动保障监察机构责令 A 公司改正其规章制度中违反法律法规的情形，并给予警告。

分析解读

《中华人民共和国劳动法》明确规定，劳动者每日的工作时间不能超过 8 个小时，平均每周的工作时间不能超过 44 个小时。"996"工作制是一种违反《中华人民共和国劳动法》的延长法定工作时间的工作制度。公司强制要求"996"工作制，员工可以解除劳动合同并要求支付经济补偿金。

在本案例中，A 公司规章制度中"工作时间为早 9 时至晚 9时，每周工作 6 天"的内容，严重违反法律法规关于延长工作时间上限的规定，应认定为无效。对于违反法律法规强制要求的加班，劳动者有权拒绝。童先生拒绝违法超时加班安排，系维护自己合法权益，用人单位不能据此认定其在试用期间被证明不符合录用条件。

用人单位违法延长工作时间的，劳动者可以向当地劳动人事争议仲裁委员会申请仲裁，要求支付加班工资，支付赔偿金。劳动者满足《中华人民共和国劳动合同法》第三十八条规定的条件而解除劳动合同的，用人单位应当向劳动者支付经济补偿。故本案中仲裁委员会依法裁决 A 公司支付童先生违法解除劳动合同赔偿金。

法条援引

《中华人民共和国劳动法》

第四条　用人单位应当依法建立和完善规章制度，保障劳动者享有劳动权利和履行劳动义务。

第三十六条　国家实行劳动者每日工作时间不超过八小时、平均每周工作时间不超过四十四小时的工时制度。

第四十一条　用人单位由于生产经营需要，经与工会和劳动者协商后可以延长工作时间，一般每日不得超过一小时；因特殊原因需要延长工作时间的，在保障劳动者身体健康的条件下延长工作时间每日不得超过三小时，但是每月不得超过三十六小时。

《中华人民共和国劳动合同法》

第三十八条　用人单位有下列情形之一的，劳动者可以解除劳动合同：

（一）未按照劳动合同约定提供劳动保护或者劳动条件的；

（二）未及时足额支付劳动报酬的；

（三）未依法为劳动者缴纳社会保险费的；

（四）用人单位的规章制度违反法律、法规的规定，损害劳动者权益的；

（五）因本法第二十六条第一款规定的情形致使劳动合同无效的；

（六）法律、行政法规规定劳动者可以解除劳动合同的其他情形。

用人单位以暴力、威胁或者非法限制人身自由的手段强迫劳动者劳动的，或者用人单位违章指挥、强令冒险作业危及劳动者人身安全的，劳动者可以立即解除劳动合同，不需事先告知用人单位。

👤 上班路上自己摔倒导致骨折算工伤吗？

·········· 经典案例 ··········

王先生是 A 公司的工作人员。2021 年 4 月 23 日 17 时 23 分许，王先生提前下班，在驾驶两轮电动车回家途中，与一辆白色轿车和另一辆两轮摩托车发生剐蹭，造成 2 人受伤、3 车损坏的交通事故。王先生经医院检查认定为左小腿骨折、脑震荡。经交警部门认定，王先生承担事故的次要责任。王先生就此事故向当地人力资源和社会保障局提出工伤认定申请。人力资源和社会保障局作出《不予认定工伤决定书》，认定王先生受到的伤害，不符合《工伤保险条例》第十四条、第十五条认定工伤或者视同工伤的情形，决定不予认定工伤。

王先生不服提出行政诉讼。法院审理后，判决撤销《不予认定工伤决定书》，责令人力资源和社会保障局重新作出行政行为。判决作出后，A 公司不服，上诉至中级人民法院，中级人民法院审理后驳回上诉，维持原判。判决生效后，人力资源和社会保障局经过重新核实，经公示后，于 2023 年 3 月 18 日作出《认定工伤决定书》，对王先生所受到的事故伤害认定为工伤。A 公司不服，再次提起诉讼。

　　人民法院经审理认为，因次日是双休日，事发当日王先生提前完成了工作任务，曾向同事表达想提前下班的意思，同时事故发生时间是 17 时 23 分许，也证明王先生离岗的时间在 17 时左右，可以认定当天王先生系提前下班。本案交通事故发生在王先生提前下班返回住所的"合理时间"内，事故地点在王先生从工作地返回住所的"合理路线"上，因此，此事故属于在员工提前下班返回居住地的过程中发生的非本人主要责任的交通事故，虽然王先生提前下班可能违反用人单位的规章制度，但仍属于下班途中发生交通事故，该情形符合《工伤保险条例》第十四条第（六）项规定的应当认定为工伤的情形。综上，市人力资源和社会保障局作出的工伤认定决定，认定事实清楚，适用法律正确，符合法定程序，法院驳回了 A 公司的诉讼请求。

　　一审判决后，A 公司不服提出上诉，中级人民法院经过审理认为 A 公司的上诉请求不能成立，判决驳回上诉，维持原判。

分析解读

　　忙碌的"打工人"在通勤途中总是行色匆匆。通勤遇到车多人多、道路拥挤，或遭遇恶劣天气时，摔倒受伤的概率大大增加。很多人都以为在上下班途中受伤，就有权以工伤的名义向公司要求赔偿，但实际情况可能超乎你的想象。

　　为有效维护自身合法权益，要先了解什么是工伤，哪些情形算工伤？

　　顾名思义，工伤就是职工在生产劳动或工作中负伤。一般情况下，工伤认定要看事故的责任认定，如本人负主要责任或全部责任，则不算工伤；如本人并非事故主要责任人，且符合"合理时间"和"合理路线"范围，则算工伤。交通事故中，责任认定应以公安机关交通管理部门出具的相关法律文书为依据。

对于什么是"合理时间"，这个其实比较宽泛，简单地说就是应当具有正当性。上下班有一个时间区域，可能早一点也可能晚一点，比如下了班以后，还要加一会儿班，或者是等交通高峰时段过了后再回家，这些都属于合理时间。

对于"合理路线"的范围，比如下班的途中到菜市场买一些菜再回家，而且是顺路，是不是合理的路线，是不是日常工作中所需要的必需的活动呢？其实这些都应当包括在"合理路线"内。

总之，要理解"合理时间"和"合理路线"，要抓住一个关键词，就是"合理"。

法条援引

《工伤保险条例》

第十四条　职工有下列情形之一的，应当认定为工伤：

（一）在工作时间和工作场所内，因工作原因受到事故伤害的；

（二）工作时间前后在工作场所内，从事与工作有关的预备性或者收尾性工作受到事故伤害的；

（三）在工作时间和工作场所内，因履行工作职责受到暴力等意外伤害的；

（四）患职业病的；

（五）因工外出期间，由于工作原因受到伤害或者发生事故下落不明的；

（六）在上下班途中，受到非本人主要责任的交通事故或者城市轨道交通、客运轮渡、火车事故伤害的；

（七）法律、行政法规规定应当认定为工伤的其他情形。

《最高人民法院关于审理工伤保险行政案件若干问题的规定》

第六条　对社会保险行政部门认定下列情形为"上下班途中"的，人民法院应予支持：

（一）在合理时间内往返于工作地与住所地、经常居住地、单位宿舍的合理路线的上下班途中；

（二）在合理时间内往返于工作地与配偶、父母、子女居住地的合理路线的上下班途中；

（三）从事属于日常工作生活所需要的活动，且在合理时间和合理路线的上下班途中；

（四）在合理时间内其他合理路线的上下班途中。

第六章

合同与保险 >>>

一方未签字的合同直接开始履行，是否符合法律规定？

经典案例

A 集团承包了一项市政工程建设项目，后来 A 集团将该项目中工程部分的项目分包给了经营钢构工程的 B 公司。经过协商，双方就工程事项达成一致，但因 A 集团有一些签订书面合同相关的细节，需要办理批准手续等，所以双方约定等 A 集团办理好再签订书面合同。

因建设项目是一项紧急任务，所以 A 集团请求 B 公司提前开工。考虑到 A 集团的现实困难，B 公司答应了该请求。不料在施工过程中，A 集团不仅拖延签订书面合同的时间，还拖欠工程款，导致 B 公司资金紧张。B 公司多次催要款项均无果，只好将 A 集团诉至当地法院。

法院经审理查明，双方对工程款总额及已付工程款数额均保持统一意见，根据《中华人民共和国民法典》第四百九十条相关规定，虽然双方还未正式签订合同，但是 B 公司是在 A 集团接受合同条款的前提下开始项目施工的，这说明双方合同是成立的，因此 A 集团有义务支付给 B 公司相应的工程款项。但因案涉款项高达千万元，出于对双方当事人负责，同时兼顾方便民营企业及企业家诉讼，营造良好法治化营商环境，承办法官决定在庭前组织双方进行调解。经调解，双方最终就还款问题达成一致意见，由 A 集团在约定时间内分三批将工程款支付完毕。

分析解读

依据《中华人民共和国民法典》第四百九十条的相关规定，如果双方没有签订书面合同，但一方开始以实际行动履行合同内容，另一方以实际行动表示接受，那么双方之间的合同应当是成立的，且合同内容已开始实际履行的，若中途一方无正当理由不想履行，则构成违约。本案例中，A 集团已与 B 公司就项目合作内容达成一致意见，只是因其他因素影响还未签订书面合同，且 A 集团主动要求 B 公司提前开工，这代表双方的合同是成立的，A 集团有义务履行合同。

合同双方已经实际履行的，属于事实合同，一方没有盖章，也不影响合同效力的存在。本案例中，A 集团未按时支付工程款属于违约行为，B 公司有权起诉要求 A 集团履行合同。此外，虽然 A 集团与 B 公司未明确约定违约金，B 公司也可以要求违约方 A 集团赔偿实际损失。

依照法律规定，当事人事后对形式上存在瑕疵的合同予以认可或追认的，在不违反法律、行政法规效力性、强制性规定的情况下，应当尊重其自由意志，认定合同成立并生效。

法条援引

《中华人民共和国民法典》

第四百九十条 当事人采用合同书形式订立合同的，自当事人均签名、盖章或者按指印时合同成立。在签名、盖章或者按指印之前，当事人一方已经履行主要义务，对方接受时，该合同成立。

法律、行政法规规定或者当事人约定合同应当采用书面形式订立，当事人未采用书面形式但是一方已经履行主要义务，对方接受时，该合同成立。

第五百零二条 依法成立的合同，自成立时生效，但是法律另有规定或者当事人另有约定的除外。

依照法律、行政法规的规定，合同应当办理批准等手续的，依照其规定。未办理批准等手续影响合同生效的，不影响合同中履行报批等义务条款以及相关条款的效力。应当办理申请批准等手续的当事人未履行义务的，对方可以请求其承担违反该义务的责任。

依照法律、行政法规的规定，合同的变更、转让、解除等情形应当办理批准等手续的，适用前款规定。

第五百七十七条 当事人一方不履行合同义务或者履行合同义务不符合约定的，应当承担继续履行、采取补救措施或者赔偿损失等违约责任。

👤 有些手写的借条，为什么不具备法律效力？

········· 经典案例 ·········

2016 年 4 月 12 日，张先生、李先生、王先生三人共同向周先生借款 20 万元，并由胡先生提供连带担保责任。张先生、李先生、王先生、胡先生向周先生出具了借款合同和借条，双方在合同中约定了借款种类、用途、金额、期限、利息、违约责任等。合同订立后，周先生支付了借款。

到了约定还款期，张先生、李先生均支付了所借款项份额，但是王先生拒不支付，并称自己只是见证人，并没有借款。周先生多次催要，王先生皆以各种理由予以推脱。于是周先生将王先生诉至法院，主张王先生应当作为共同借款人承担共同还款责任。

法院经审理认为，王先生在保证借款合同和借条上签名时并未表明其借款人或保证人的身份，且其签名位置与借款人和保证人的签名位置均明显不同，依据现有事实不能判定其为共同借款人或保证人。法院最终驳回了周先生的诉求。

周先生对一审判决不服，提起上诉，主张借款合同上没有标明王先生是见证人，王先生是在借款人张先生、李先生签名下方签字的，其应被认定为借款人，并承担相应的还款责任。二审法院经审理认为，本案借条、借款人、落款处依次竖写有张先生、李先生、王先生三人的签名，并摁有指印，借款人处并排手写担保人，落款为胡先生签名并摁有指印。王先生是最后一个签名的，王先生若是见证人，可以在该借条空白处其他地方签名或注明其见证人的身份，故王先生为见证人的辩称不能成立。王先生作为完全民事行为能力人，在知道张先生、李先生向周先生借款，还在二位借款人的签名下方签名并摁指印，应视为共同借款人。法院判决王先生为欠款人，支持周先生的上诉。

分析解读

本案例中，周先生虽然最后以法院起诉的方式，使得王先生最终不得不承担自己作为共同借款人的责任，但也付出了许多时间与精力。为避免类似情况，在借款时一定要规范书写借条，多人借款时更要明确各自身份。在落款注明借款人并签名的正下方或并列处签名，一般会认定为共同借款人，要承担还款责任。

有法律效力的借条格式应清晰地表明几方面的内容：借款人和放款人的法定全名；借款金额，包括大写和小写的金额；借款时间期限，包括借款的起止年月日和明确的借款期限；还款的具体年月日。

法条援引

《中华人民共和国民法典》

第六百六十七条　借款合同是借款人向贷款人借款，到期返还借款并支付利息的合同。

第六百六十八条　借款合同应当采用书面形式，但是自然人之间借款另有约定的除外。

借款合同的内容一般包括借款种类、币种、用途、数额、利率、期限和还款方式等条款。

第六百六十九条 订立借款合同，借款人应当按照贷款人的要求提供与借款有关的业务活动和财务状况的真实情况。

《最高人民法院关于审理民间借贷案件适用法律若干问题的规定》

第二十条 他人在借据、收据、欠条等债权凭证或者借款合同上签名或者盖章，但是未表明其保证人身份或者承担保证责任，或者通过其他事实不能规定其为保证人，出借人请求其承担保证责任的，人民法院不予支持。

👤 赠与合同可以任意撤销吗？

经典案例

2017 年 8 月，丁女士与朱先生因感情不和，经民政局办理协议离婚。双方在离婚协议书中约定，双方位于 A 小区的一套共有房产所有权归婚生子小朱。办理好离婚手续后，朱先生要求撤销赠与，并以各种理由拒绝配合办理过户手续。

于是丁女士、小朱将朱先生诉至人民法院，要求将上述房产判归小朱所有并办理过户手续。庭审中，朱先生称离婚协议中双方约定共有房屋归小朱所有，属财产赠与性质，受赠人是其子小朱，应由其本人主张权利，故本案中丁女士不是适格主体；另按照法律法规规定，房屋赠与必须办理公证手续，其对儿子小朱的房屋赠与尚未办理相关手续，故该赠与无效，法院应驳回两原告的诉讼请求。

法院经审理认为，丁女士与朱先生签订的离婚协议，系双方真实意思表示，无法律规定的无效情形，是合法有效的。离婚协议书中关于财产分割的条款，对男女双方均具有法律约束力。依照《最高人民法院关于适用〈中华人民共和国民法典〉婚姻家庭编的解释（一）》第六十九条第二款的规定，离婚后，夫妻一方不履行给付义务，夫妻另一方有权起诉，主张其履行约定义务。且小朱作为受赠人，已与丁女士共同提起诉讼，故丁女士作为原告提起本案诉讼，主体适格。另外，离婚协议中关于财产分割的条款或当事人因离婚就财产分割达成的协议，对男女双方均具有法律约束力。离婚协议中的赠与条款，是一种以解除双方身份关系为动机的目的赠与行为，双方将夫妻共同财产进行赠与后，赠与人不享有任意撤销权。法院最终判决该房产归小朱所有。

分析解读

赠与合同是赠与人将自己的财产无偿给予受赠人，受赠人表示接受赠与的合同，属于诺成合同，即只要当事人意见表示一致，合同即告成立。赠与合同成立后，在赠与的财产权利转移之前，也可以允许赠与人因客观原因或主观的情感因素等事由撤销赠与。赠与人可以依法撤销赠与的情况有：受赠人严重侵害赠与人或者赠与人近亲属的合法权益；受赠人对赠与人有扶养义务而不履行；受赠人不履行赠与合同约定的义务。赠与人的撤销权，自知道或者应当知道撤销事由之日起一年内行使。

不可以撤销赠与的情况有：赠与的财产一部分已交付并已转移其权利，任意撤销赠与仅限于未交付并未转移其权利的部分；赠与合同订立后，当事人交由公证部门公证，表明其赠与意愿的表达已十分慎重，赠与人不得任意撤销。另外，涉及救灾、公益捐赠等社会公益、道德义务性质的赠与合同也不可随意撤销。

法律规定赠与的任意撤销，源于赠与是无偿行为。本案中，以离婚为前提条件的夫妻共有房产赠与协议，不同于《中华人民共和国民法典》第六百五十八条中所述的赠与合同，故法院驳回了朱先生撤销赠与的诉求。

法条援引

《中华人民共和国民法典》

第六百五十八条 赠与人在赠与财产的权利转移之前可以撤销赠与。

经过公证的赠与合同或者依法不得撤销的具有救灾、扶贫、助残等公益、道德义务性质的赠与合同，不适用前款规定。

第六百六十三条 受赠人有下列情形之一的，赠与人可以撤销赠与：

（一）严重侵害赠与人或者赠与人近亲属的合法权益；

（二）对赠与人有扶养义务而不履行；

（三）不履行赠与合同约定的义务。

赠与人的撤销权，自知道或者应当知道撤销事由之日起一年内行使。

《最高人民法院关于适用〈中华人民共和国民法典〉婚姻家庭编的解释（一）》

第六十九条 当事人达成的以协议离婚或者到人民法院调解离婚为条件的财产以及债务处理协议，如果双方离婚未成，一方在离婚诉讼中反悔的，人民法院应当认定该财产以及债务处理协议没有生效，并根据实际情况依照民法典第一千零八十七条和第一千零八十九条的规定判决。

当事人依照民法典第一千零七十六条签订的离婚协议中关于财产以及债务处理的条款，对男女双方具有法律约束力。登记离婚后当事人因履行上述协议发生纠纷提起诉讼的，人民法院应当受理。

怀孕期间劳动合同到期，公司能否不予续签？

经典案例

2018 年 4 月，罗女士进入 A 公司担任视觉设计部经理，双方签订了期限为 3 年的劳动合同，合同期限自 2018 年 4 月至 2021 年 4 月。

2021 年 4 月，罗女士怀孕已快 4 个月。A 公司人力资源总监主动跟罗女士提出续签劳动合同的意愿，同时说明由于业务调整的需要，需要将罗女士调岗到设计专员的岗位，工资和福利待遇在原有基础上减少一半。A公司要求罗女士于4月30日前与公司重新签订劳动合同，不同意重新签订合同，则需要于4月30日之前办理离职手续。

2021年5月10日，罗女士向当地劳动争议仲裁委员会申请劳动仲裁，请求解除与A公司的劳动合同，并支付罗女士经济补偿金。仲裁裁决A公司支付罗女士经济补偿金。A公司不服仲裁裁决而提起诉讼。一审法院认为，因罗女士处于孕期，其调整后的岗位工资待遇与原岗位工资待遇基本相当。因A公司规定调整后的岗位工资仅有原来的一半，致使罗女士与A公司解除劳动合同，A公司应支付相应经济补偿金。一审法院判决A公司向罗女士支付解除劳动合同经济补偿金4万余元。A公司不服一审判决，于是提起上诉，二审判决驳回上诉，维持原判。

分析解读

一些职场人在面对与罗女士相似的情况时，会选择息事宁人，不与公司发生纠纷，这在一定程度上间接导致职场中不公平甚至不合法的现象增加。本案例中，罗女士的做法是正确的，面对不合理的辞退时，应积极向当地劳动部门申请仲裁，以维护自身权益。

A公司不与罗女士续签劳动合同没有法律依据，属于违法解除劳动合同。虽然《中华人民共和国劳动合同法》第四十四条规定，劳动合同期满的，劳动合同终止，但根据《中华人民共和国劳动合同法》第四十二条"劳动者有下列情形之一的，用人单位不得依照本法第四十条、第四十一条的规定解除劳动合同：……（四）女职工在孕期、产期、哺乳期的……"及第四十五条"劳动合同期满，有本法第四十二条规定情形之一的，劳动合同应当续延至相应的情形消失时终止"的规定，女职工在孕期、产期、哺乳期的，即使劳动合同期满，也应当续延至相应的情形消失时终止。也就是说虽然劳动合同在2021年4月30日已经到期，但由于罗女士尚处于怀孕期，A公司与罗女士之间的劳动合同应当延续至罗女士怀孕期满时方可终止。

依据《中华人民共和国劳动合同法》第四十八条和第八十七条的规定，若员工不要求继续履行合同，要求用人单位支付违法解除合同的赔偿金，用人单位则应按每工作一年支付两个月工资的标准支付。当然也有例外，比如怀孕员工有重大违纪行为，给单位利益造成了严重损失，或者因为刑事犯罪而被依法追究刑事责任等情况，那么单位将其辞退不需要支付任何的赔偿。本案例中，罗女士不适用此例外条件，故法院依法判决A公司向罗女士支付赔偿金。

法条援引

《中华人民共和国劳动合同法》

第四十二条 劳动者有下列情形之一的，用人单位不得依照本法第四十条、第四十一条的规定解除劳动合同：

……

（四）女职工在孕期、产期、哺乳期的；

……

第四十八条 用人单位违反本法规定解除或者终止劳动合同，劳动者要求继续履行劳动合同的，用人单位应当继续履行；劳动者不要求继续履行劳动合同或者劳动合同已经不能继续履行的，用人单位应当依照本法第八十七条规定支付赔偿金。

第八十七条　用人单位违反本法规定解除或者终止劳动合同的，应当依照本法第四十七条规定的经济补偿标准的二倍向劳动者支付赔偿金。

《中华人民共和国妇女权益保障法》

第四十八条　用人单位不得因结婚、怀孕、产假、哺乳等情形，降低女职工的工资和福利待遇，限制女职工晋职、晋级、评聘专业技术职称和职务，辞退女职工，单方解除劳动（聘用）合同或者服务协议。

女职工在怀孕以及依法享受产假期间，劳动（聘用）合同或者服务协议期满的，劳动（聘用）合同或者服务协议期限自动延续至产假结束。但是，用人单位依法解除、终止劳动（聘用）合同、服务协议，或者女职工依法要求解除、终止劳动（聘用）合同、服务协议的除外。

用人单位在执行国家退休制度时，不得以性别为由歧视妇女。

👤 电子签名有没有法律效力？

（经典案例）

2018 年 12 月，家庭经济存在困难的小孔为了交学费，向 A 银行提交了贷款申请，并签订了《借款合同》，约定 A 银行向其提供借款 18800 元，由 B 金融公司担保。

2019 年 6 月 26 日，A 银行依约向小孔发放了借款，但小孔并未依约还款。2019 年 11 月 23 日，B 金融公司依据保证合同约定，向 A 银行代偿了小孔所欠款项，小孔则不承认他签署了《借款合同》，认为电子签名不是他本人签名，不予偿还所欠款项。B 金融公司诉至法院，要求小孔支付代偿借款本金 18800 元、利息 463.55元，另外要求小孔支付逾期利息及诉讼费、律师费。

法院经审理认为，小孔与 A 银行签订的《借款合同》及 B 金融公司与 A 银行签订的《担保合同》，均系双方当事人的真实意思表示，为合法有效。A 银行依约发放了借款，小孔作为借款人，理应按期还本付息。小孔虽对借款一事不予认可，但其承认因个人原因退学，学校拒绝退还其学费，故没有还款，印证了该笔借款由其本人使用的事实。B 金融公司作为保证人在小孔未按《借款合同》约定偿还借款本金及利息的情况下，按照《担保合同》约定履行担保责任，代小孔偿还了其在 A 银行的借款本金、利息，根据相关法律规定，在 B 金融公司承担保证责任之后，小孔应负有向 B 金融公司偿付代偿款项的义务。故判决小孔支付 B 金融公司所代偿的本金 18800 元及利息 463.55 元，另外 B 金融公司主张的律师费缺乏合同依据，不予支持。

分析解读

如今，采用电子签名形式订立合同的现象非常普遍，为了规范电子签名行为，确立电子签名的法律效力，维护有关各方的合法权益，国家制定了《中华人民共和国电子签名法》，电子签名的有效性受法律认可。电子合同与纸质合同具有相同的法律效力，但并不是通过任何形式签订的电子合同都是合法有效的，必须通过第三方电子合同平台签署以及采用可靠的电子签名进行签署，才能保证其合法有效。

当签了电子合同的各方对于该合同的证据效力意见不一致时，法院需对当事人所提交的合同进行原件判断以及对电子签名进行可靠性审查。如果认定当事人所提交合同的原件中存在可靠电子签名，可直接确认该份合同的真实性。

法条援引

《中华人民共和国电子签名法》

第三条　民事活动中的合同或者其他文件、单证等文书，当事人可以约定使用或者不使用电子签名、数据电文。

当事人约定使用电子签名、数据电文的文书，不得仅因为其采用电子签名、数据电文的形式而否定其法律效力。

前款规定不适用下列文书：

（一）涉及婚姻、收养、继承等人身关系的；

（二）涉及停止供水、供热、供气等公用事业服务的；

（三）法律、行政法规规定的不适用电子文书的其他情形。

第十三条　电子签名同时符合下列条件的，视为可靠的电子签名：

（一）电子签名制作数据用于电子签名时，属于电子签名人专有；

（二）签署时电子签名制作数据仅由电子签名人控制；

（三）签署后对电子签名的任何改动能够被发现；

（四）签署后对数据电文内容和形式的任何改动能够被发现。

当事人也可以选择使用符合其约定的可靠条件的电子签名。

第十四条　可靠的电子签名与手写签名或者盖章具有同等的法律效力。

《中华人民共和国民法典》

第三百九十二条　被担保的债权既有物的担保又有人的担保的，债务人不履行到期债务或者发生当事人约定的实现担保物权的情形，债权人应当按照约定实现债权；没有约定或者约定不明确，债务人自己提供物的担保的，债权人应当先就该物的担保实现债权；第三人提供物的担保的，债权人可以就物的担保实现债权，也可以请求保证人承担保证责任。提供担保的第三人承担担保责任后，有权向债务人追偿。

👤 车被别人偷开走，发生事故保险公司需要理赔吗？

经典案例

李先生因事外出，将自己的小汽车停在了家门口，但由于疏忽忘记锁车。在这期间，小王伙同另外四名未成年人将该车开走，在道路上练车并发生交通事故。李先生向当地公安局报案，公安局认定小王无证驾驶的违法行为成立。

事故发生后，李先生维修车辆花费 12204 元，另外因此次事故花费拖车费用 1300 元。该车在 A 保险公司处投保有机动车损失险等险种，保险金额 100131.20 元，事故发生在保险期间。A 保险公司对车辆发生事故的事实及保险合同均无异议，但认为事故发生时驾驶人为无证驾驶，根据合同约定应属于免赔情形。李先生对免赔存在异议，遂将 A 保险公司诉至法院。

法院经审理认为，汽车是在李先生不知情的情况下被小王等五人开走，进而发生事故，并不存在法律规定的"知道或者应当知道驾驶人无驾驶资格或者未取得相应驾驶资格的"情形，故不能因此免除保险公司对李先生的赔偿责任。法院依照《中华人民共和国保险法》第五十七条、第六十条的规定判决，A 保险公司于判决生效之日起十日内赔付李先生车辆损失 12204 元、施救费 1300 元，共计 13504 元。如果未按判决指定的期间履行给付金钱义务，应当依照《中华人民共和国民事诉讼法》第二百五十三条规定，加倍支付迟延履行期间的债务利息。案件受理费 69 元，由 A 保险公司承担。

分析解读

根据《机动车辆保险条款》的规定，"无证驾驶"属于除外责任。本案例中，如果李先生是本人无证或授权无证的他人驾驶该车，那么就属于保险公司所述的免赔情形。但事故是由于小王等五名未成年人将李先生的车偷出去练车导致的，作为投保人的李先生对此并不知情也无法预见到，因此不能认定其主观上存在过错。

根据我国法律法规规定，李先生对于事故造成的车辆损失有要求赔偿的权利，可以向小王等五名未成年的监护人要求赔偿，也可以选择按照保险合同先由被告承担赔偿。

法条援引

《中华人民共和国保险法》

第五十七条 保险事故发生时，被保险人应当尽力采取必要的措施，防止或者减少损失。

保险事故发生后，被保险人为防止或者减少保险标的的损失所支付的必要的、合理的费用，由保险人承担；保险人所承担的费用数额在保险标的损失赔偿金额以外另行计算，最高不超过保险金额的数额。

第六十条 因第三者对保险标的的损害而造成保险事故的，保险人自向被保险人赔偿保险金之日起，在赔偿金额范围内代位行使被保险人对第三者请求赔偿的权利。

前款规定的保险事故发生后，被保险人已经从第三者取得损害赔偿的，保险人赔偿保险金时，可以相应扣减被保险人从第三者已取得的赔偿金额。

保险人依照本条第一款规定行使代位请求赔偿的权利，不影响被保险人就未取得赔偿的部分向第三者请求赔偿的权利。

👤 支付了定金后不买，可以要求退还吗？

.... 经典案例 ....

王先生在 A 汽车销售公司订购了一辆汽车，双方签订了《汽车销售合同》，约定车辆价格为 50 万元，买方支付 5 万元定金，半个月后提车；买方于提车前支付购车款，定金将从购车款中扣除。合同中还约定如果因买方单方面原因解除合同，已支付的定金将不退还。

半个月后，车辆到货，A 汽车销售公司通知王先生支付购车款并提车，王先生不予理会。A 汽车销售公司又向王先生发出《解除合同通知书》。王先生签收后表示自己因资金周转问题暂时不能支付购车款，需要等半年的时间才能支付。A 汽车销售公司不同意。王先生要求退还此前支付的 5 万元定金，遭到了 A 汽车销售公司的拒绝。

王先生将 A 汽车销售公司诉至法院，请求判令 A 汽车销售公司退还定金 5 万元。A 汽车销售公司辩称，由于王先生的违约，已导致公司利益损失约 7 万元，故公司不应当退还定金。

经法院审理查明，王先生与 A 汽车销售公司签订的《汽车销售合同》合法有效。王先生未按约定支付购车款，其行为已构成违约。根据合同相关约定和我国法律法规相关规定，买方违约导致合同解除时，该定金转化为违约金，卖方有权不予退还定金。根据《中华人民共和国民法典》第五百零九条第一款、第五百八十五条第一款的规定，法院最终判决驳回了原告王先生的诉讼请求。

分析解读

在签署合同时，会遇到"定金""订金"的描述，二者同样是用于购买商品，有何不同呢？

定金具有担保合同履行的性质，是一种承担违约责任的方式，其履行规则法律有明确规定：如果给付定金的一方不履约，则无权要求返还定金；收受定金的一方不履约，则需要双倍返还定金。定金合同是主合同的从属合同，不影响主合同的效力。本案例中，王先生支付了5万元定金，是履行合同的保证，因王先生违约导致合同解除，A公司不予退还是符合法律规定的。

订金则是一种预付款或者提前支付行为，不具备担保合同履行的性质。交付订金或接受订金的一方不履行约定的，订金仅能作为预付款或者赔偿金，不能要求双倍赔偿。

法条援引

《中华人民共和国民法典》

第五百零九条 当事人应当按照约定全面履行自己的义务。

当事人应当遵循诚信原则，根据合同的性质、目的和交易习惯履行通知、协助、保密等义务。

当事人在履行合同过程中，应当避免浪费资源、污染环境和破坏生态。

第五百七十七条 当事人一方不履行合同义务或者履行合同义务不符合约定的，应当承担继续履行、采取补救措施或者赔偿损失等违约责任。

第五百八十五条 当事人可以约定一方违约时应当根据违约情况向对方支付一定数额的违约金，也可以约定因违约产生的损失赔偿额的计算方法。

约定的违约金低于造成的损失的，人民法院或者仲裁机构可以根据当事人的请求予以增加；约定的违约金过分高于造成的损失的，人民法院或者仲裁机构可以根据当事人的请求予以适当减少。

当事人就迟延履行约定违约金的，违约方支付违约金后，还应当履行债务。

第五百八十七条 债务人履行债务的，定金应当抵作价款或者收回。给付定金的一方不履行债务或者履行债务不符合约定，致使不能实现合同目的的，无权请求返还定金；收受定金的一方不履行债务或者履行债务不符合约定，致使不能实现合同目的的，应当双倍返还定金。

谎报学历与用人单位签订的劳动合同有效吗?

经典案例

2020 年 9 月,陈先生向 A 公司求职,填写的《面试登记表》显示他曾毕业于某市重点大学经贸专业,学历程度为自考本科。《面试登记表》表格下方有由员工签字的声明"本人承诺所写的一切资料真实,并自愿承担因隐瞒事实而带来的包括解除劳动合同并不支付经济补偿金等一切后果,本人愿意接受公司对上述填写资料做背景调查"。

面试结束后,A 公司录用了陈先生,双方约定试用期 6 个月,薪资为工资 3 万元加奖金,试用期 80% 薪资。2020 年 9 月 27 日,陈先生如期报到,当日即与 A 公司签订了《劳务协议》。《劳务协议》中也有"提供的个人文件或信息是虚假的情况,可以随时解除协议,无需支付任何补偿"的说明。

2021 年 3 月 15 日,A 公司以陈先生在试用期不符合录用条件为由,在征询工会意见后,向陈先生寄送了《解除劳动合同通知书》。陈先生不服,经过劳动仲裁程序后,诉至法院,要求 A 公司支付违法解除劳动合同的经济赔偿金 32538.75 元。

陈先生认为,公司在招聘该岗位时从未提出学历要求,双方不因学历建立劳动关系。自己在试用期持续超额完成公司业绩指标，完成了建立团队的任务，并无失职。当初自考本科，只因工作、家庭原因导致还差两门课没有考完，因此没有取得学历证书。公司单纯以虚假学历为由解除合同，属于违法解除劳动合同。

法院经审理后认为，A公司与陈先生已建立劳动关系。诚实信用是劳动者入职的最基本要求，不因劳动者胜任工作而排除。陈先生多次签字承诺其提供的资料真实，自愿承担因隐瞒事实而带来的一切后果等。公司以陈先生在试用期不符合录用条件为由，在征询工会意见后解除与陈先生的劳动合同，不属于违法解除。故法院判决驳回陈先生的诉讼请求。

陈先生不服一审判决，提起上诉。二审中级人民法院判决驳回上诉，维持原判。

分析解读

当下就业竞争激烈，很多企业在招聘过程中设定了学历门槛。为获得更多就业机会，有人"以身犯险"，谎报学历。一般情况下，因谎报学历而签订的劳动合同，裁判机构会根据《中华人民共和国劳动合同法》第二十六条，确认该劳动合同无效，裁决用人单位可以依法与谎报学历的员工立即解除劳动关系。

用人单位往往会根据员工的不同学历来匹配不同的岗位，制定不同水平的薪资。如果谎报学历的员工在入职工作一段时间被发现，企业可以因当事人学历不符，而要求其返还高出其本人实际学历、实际工作能力所对应的劳动报酬。

涉及伪造学历证书一类的行为还可以上升到刑事案件，情节严重者甚至会被判刑。因此，希望求职者们引以为戒，不要学历作假，实事求是地提交自己的学历和简历情况，踏踏实实地求职、工作。

法条援引

《中华人民共和国劳动合同法》

第三条 订立劳动合同，应当遵循合法、公平、平等自愿、协商一致、诚实信用的原则。

依法订立的劳动合同具有约束力，用人单位与劳动者应当履行劳动合同约定的义务。

第八条 用人单位招用劳动者时，应当如实告知劳动者工作内容、工作条件、工作地点、职业危害、安全生产状况、劳动报酬，以及劳动者要求了解的其他情况；用人单位有权了解劳动者与劳动合同直接相关的基本情况，劳动者应当如实说明。

《中华人民共和国刑法》

第二百八十条 伪造、变造、买卖或者盗窃、抢夺、毁灭国家机关的公文、证件、印章的，处三年以下有期徒刑、拘役、管制或者剥夺政治权利，并处罚金；情节严重的，处三年以上十年以下有期徒刑，并处罚金。

伪造公司、企业、事业单位、人民团体的印章的，处三年以下有期徒刑、拘役、管制或者剥夺政治权利，并处罚金。

伪造、变造、买卖居民身份证、护照、社会保障卡、驾驶证等依法可以用于证明身份的证件的，处三年以下有期徒刑、拘役、管制或者剥夺政治权利，并处罚金；情节严重的，处三年以上七年以下有期徒刑，并处罚金。

公司不续签无固定期限劳动合同，是否违法?

经典案例

2009 年 9 月 10 日，莫女士入职 A 公司，并任职项目主管岗位。双方连续订立过两次固定期限劳动合同，最后一份劳动合同期限为 2012 年 9 月 9 日至 2015 年 9 月 9 日。

2015 年 9 月 7 日，A 公司以劳动合同期满不同意续签为由终止双方劳动关系，并要求莫女士签署《劳动合同到期不再续签通知书》。莫女士向 A 公司提出要求续签无固定期限劳动合同，不接受补偿方案，但是与公司协商无果。

2015 年 9 月 9 日，莫女士向当地劳动仲裁机构申请仲裁，请求 A 公司向其支付违法解除劳动合同赔偿金 112124.88 元。当地劳动仲裁机构于 2015 年 10 月 26 日作出裁决，要求在裁决书生效后五日内由 A 公司一次性支付莫女士解除劳动关系的经济补偿 54090 元，驳回莫女士的其他请求事项。

莫女士不服，向法院提起诉讼。一审法院审理认为，公司明确表示不再续签劳动合同，可见双方并未有续订劳动合同的意愿，A 公司终止合同不违法，亦无需与其签订无固定期限劳动合同。截至 2015 年 8 月，莫女士离职前 12 个月的月平均工资为 9343.74 元。

当地上年度企业职工月平均工资为 3005 元。莫女士在职时间为 6 年。根据相关法律法规，法院判决 A 公司于判决发生法律效力之日起三日内向莫女士支付经济补偿金 54090 元（3005 元／月 ×3 倍 ×6 月 =54090 元）。

莫女士不服，提起上诉。二审法院判决驳回上诉，维持原判。莫女士只好继续向省高级人民法院申请再审。省高级人民法院认为莫女士已与 A 公司签了两份固定期限合同，到期后 A 公司不续签无固定期限劳动合同却提出终止合同属违法行为，应当支付二倍赔偿金。省高级人民法院判决撤销第一、二审判决，A 公司应于本判决生效后三日内向莫女士一次性支付违法解除劳动合同赔偿金 108180 元。

分析解读

法律规定用人单位需要与符合一定条件的员工签无固定期限的劳动合同。如果用人单位单方面终止此类劳动者的劳动合同，就构成违法终止劳动合同，要承担相应的法律责任。法律中该规定有利于引导建立稳定的劳动关系。

本案例中，莫女士与 A 公司已签了两次固定期限合同，符合签订无固定期限劳动合同的条件。如果用人单位拒绝签订无固定期限劳动合同，要求终止劳动合同，要向劳动者支付双倍经济补偿。如果用人单位不签无固定期限劳动合同且让劳动者继续工作，自应当订立无固定期限劳动合同之日起向劳动者每月支付二倍的工资。

《中华人民共和国劳动合同法》

第十四条 无固定期限劳动合同，是指用人单位与劳动者约定无确定终止时间的劳动合同。

用人单位与劳动者协商一致，可以订立无固定期限劳动合同。有下列情形之一，劳动者提出或者同意续订、订立劳动合同的，除劳动者提出订立固定期限劳动合同外，应当订立无固定期限劳动合同：

（一）劳动者在该用人单位连续工作满十年的；

（二）用人单位初次实行劳动合同制度或者国有企业改制重新订立劳动合同时，劳动者在该用人单位连续工作满十年且距法定退休年龄不足十年的；

（三）连续订立二次固定期限劳动合同，且劳动者没有本法第三十九条和第四十条第一项、第二项规定的情形，续订劳动合同的。

用人单位自用工之日起满一年不与劳动者订立书面劳动合同的，视为用人单位与劳动者已订立无固定期限劳动合同。

第四十七条 经济补偿按劳动者在本单位工作的年限，每满一年支付一个月工资的标准向劳动者支付。六个月以上不满一年的，按一年计算；不满六个月的，向劳动者支付半个月工资的经济补偿。

劳动者月工资高于用人单位所在直辖市、设区的市级人民政府公布的本地区上年度职工月平均工资三倍的，向其支付经济补偿的标准按职工月平均工资三倍的数额支付，向其支付经济补偿的年限最高不超过十二年。

本条所称月工资是指劳动者在劳动合同解除或者终止前十二个月的平均工资。

👤 与未成年人签订的合同有效吗?

2020年5月，经营传媒业务的A公司与年满十七岁但已完成学业的小王签订了《艺人合约》。合同中有一项约定：小王为A公司旗下主播，在合约期内及至合约终止之后半年内，小王不得为A公司指定范围以外的个人或机构提供任何影音及文字作品，否则小王需赔偿公司30万元。合同有效期自2020年4月至2021年4月止。

合约签订后，小王经公司安排在X直播平台上进行直播。2021年6月，A公司发现小王未经许可擅自在Y直播平台进行直播，且合约期满后六个月内，小王一直在Y直播平台进行直播。A公司认为小王未经其许可擅自在其他平台直播的行为已违反《艺人合约》相关规定，故诉至当地人民法院要求小王赔偿违约金30万元。小王辩称，自己在签订《艺人合约》时年仅十七周岁，尚未能依靠自己的劳动收入作为主要生活来源，是限制民事行为能力人，该合约效力待定；该合约为格式合约，存在过多排除乙方权利的"霸王条款"，合约部分条款应属无效。

法院经审理查明，被告小王于2020年4月签订合约时年满十七周岁并且已完成学业，独立工作获得经济收入，根据我国相关法规的界定，小王签约时已可以视为完全民事行为能力人，故签订的合同有效。涉案合约内容不存在法律规定的无效情形，双方约定的权利义务明确；合约不存在免除或减轻原告责任、加重被告责任、限制或排除被告主要权利的情形，故对于小王主张的合约部分条款应属无效，法院不予采纳。法院依据相关法律规定，兼顾合约履行情况、双方过错程度、实际收益等因素，根据公平原则和诚实信用原则将违约金调整为 8 万元。法院最终判决小王支付 A 公司违约金 8 万元。

分析解读

根据《中华人民共和国民法典》相关规定，十六周岁以上十八周岁以下的未成年人，以自己的劳动收入为主要生活来源的，视为完全民事行为能力人。结合本案例，小王认为自己未满 18 周岁，签订的合同不具法律效力、行为不受法律约束，其实不然。

根据《中华人民共和国民法典》相关规定，十六周岁以上十八周岁以下的未成年人，以自己的劳动收入为主要生活来源的，视为完全民事行为能力人。小王与 A 公司签约时已年满十七周岁，并已结束学业，独立工作并获得经济收入，应视为完全民事行为能力人。本案例中，小王认为自己未满十八周岁，签订的合同不具法律效力、行为不受法律约束，法院不予支持。

我国法律规定，不满八周岁的未成年人是无民事行为能力人，必须由其法定代理人代理民事活动。

八周岁以上、十八周岁以下的人为限制民事行为能力人，与限制民事行为能力人订立的合同，经法定代理人追认后，该合同有效；但纯获利益的合同或者与其年龄、智力、精神健康状况相适应而订立的合同，不必经法定代理人追认。

法条援引

《中华人民共和国民法典》

第十九条 八周岁以上的未成年人为限制民事行为能力人，实施民事法律行为由其法定代理人代理或者经其法定代理人同意、追认；但是，可以独立实施纯获利益的民事法律行为或者与其年龄、智力相适应的民事法律行为。

第二十条 不满八周岁的未成年人为无民事行为能力人，由其法定代理人代理实施民事法律行为。

第二十一条 不能辨认自己行为的成年人为无民事行为能力人，由其法定代理人代理实施民事法律行为。

八周岁以上的未成年人不能辨认自己行为的，适用前款规定。

◎ 第七章 ◎

消费与理财 >>>

预付话费是否存在有效期？

2010 年 11 月 24 日，刘先生在 A 通信公司营业厅申请办理了一张手机号卡，话费付费方式为预付费。并且在办理号卡时营业厅有"话费充 50 元送 50 元"的活动，刘先生当场即预付话费 50 元参加活动。在业务受理单所附《A 通信公司客户入网服务协议》中，对双方各自的权利义务进行了约定，其中第四项特殊情况下的责任承担中的第 1 条为：在下列情况下，乙方有权暂停或限制甲方的移动通信服务，由此给甲方造成的损失，乙方不承担责任：（1）甲方银行账户被查封、冻结或余额不足等非乙方原因造成的结算时扣划不成功的；（2）甲方预付费使用完毕而未及时补交款项的。

2011 年 11 月 7 日，刘先生在使用该手机号卡时发现号卡已被停机，刘先生到 A 通信公司营业厅查询，得知该手机号卡于 2010 年 10 月 23 日因话费有效期到期而暂停移动通信服务，此时账户余额为 11.70 元。营业员告知刘先生办卡时签订的协议里，"甲方预付费使用完毕而未及时补交款项的"就包括预付费账户余额不足以扣划下一笔预付费用的情况。刘先生表示办卡时并不知情，认为 A

通信公司单方面终止服务构成合同违约，遂诉至法院。

法院经审理认为，电信用户的知情权是电信用户在接受电信服务时的一项基本权利。用户在办理电信业务时，电信业务经营者必须向其明确说明该电信业务的内容，包括业务功能、费用收取办法及交费时间、障碍申告等。如果用户在不知悉该电信业务的真实情况下进行消费，就会侵犯用户对电信业务的选择权，达不到真正追求的电信消费目的。法院最终判决，A通信公司于本判决生效之日起十日内取消对刘先生手机号卡话费有效期的限制，恢复该号卡的移动通信服务。一审宣判后，被告提出上诉，二审期间申请撤回上诉，一审判决已发生法律效力。

分析解读

在办理手机号卡或其他服务时，常会接触到一类条款比较复杂的格式合同，比如本案例中的《A通信公司客户入网服务协议》，一般情况来说，很少会有人去逐条阅读这类协议的各个条款。按照《中华人民共和国民法典》第四百九十六条的规定，采用格式条款订立合同的，提供格式条款的一方应当遵循公平原则确定当事人之间的权利和义务，并采取合理的方式提示对方注意免除或者减轻其责任等与对方有重大利害关系的条款，按照对方的要求，对该条款予以说明。本案中，刘先生在办卡时，营业员并未详细解释预付费账户余额不足以扣划下一笔预付费用就会停机这一条款，所以A通信公司单方面暂停服务的行为明显构成违约，需要承担相应的责任。A通信公司应该取消对刘先生预付话费的有效期限制，并继续履行合同。

　　根据《中华人民共和国消费者权益保护法》第二十条的规定，企业经营者应向消费者提供有关服务的真实信息。基于此，电信服务企业某项服务业务存在限制条件的，应当在签订合同时向消费者明确告知，以便消费者对服务项目进行选择；电信服务企业在签订合同时未向消费者告知某类预付话费促销业务设定了使用期限限制的，电信服务企业在合同履行中以预付话费消费超过有效期限为由对消费者的通话进行限制、对消费者暂停服务或收回号码等，均属于违约行为，应当承担违约责任。

法条援引

《中华人民共和国民法典》

　　第四百九十六条　格式条款是当事人为了重复使用而预先拟定，并在订立合同时未与对方协商的条款。

　　采用格式条款订立合同的，提供格式条款的一方应当遵循公平原则确定当事人之间的权利和义务，并采取合理的方式提示对方注意免除或者减轻其责任等与对方有重大利害关系的条款，按照对方的要求，对该条款予以说明。提供格式条款的一方未履行提示或者说明义务，致使对方没有注意或者理解与其有重大利害关系的条款的，对方可以主张该条款不成为合同的内容。

《中华人民共和国消费者权益保护法》

　　第十九条　经营者发现其提供的商品或者服务存在缺陷，有危及人身、财产安全危险的，应当立即向有关行政部门报告和告知消费者，并采取停止销售、警示、召回、无害化处理、销毁、停止生产或者服务等措施。采取召回措施的，经营者应当承担消费者因商品被召回支出的必要费用。

第二十条 经营者向消费者提供有关商品或者服务的质量、性能、用途、有效期限等信息，应当真实、全面，不得作虚假或者引人误解的宣传。

经营者对消费者就其提供的商品或者服务的质量和使用方法等问题提出的询问，应当作出真实、明确的答复。

经营者提供商品或者服务应当明码标价。

👤 职业打假人索赔算不算敲诈?

经典案例

宋女士是一名小有名气的网红，她帮乡亲们注册了 A 熟食店，并帮乡亲们在直播平台售卖当地特色熟食小吃。2022 年 12 月，一名孔姓顾客从 A 熟食店订购了 20 只卤鹅，以及卤猪蹄、卤猪肘子等熟食，并支付了 3000 元定金给肉食加工店。

12 月 20 日，宋女士和几个乡亲将熟食打包发货。22 日上午，快递显示包裹到达孔先生指定的地址。但是，孔先生在收到包裹后，立刻向 12315 平台投诉，称网购买到的熟食是"三无产品"，要求商家十倍赔偿，否则到法院起诉索赔。

宋女士多次与孔先生联系协商，但孔先生坚决提出要求 A 熟食店支付十倍赔偿金。孔先生向法院提起诉讼，被告 A 熟食店一审败诉。宋女士对判决不服，上诉至中级人民法院。2023 年 3 月，中级人民法院对此案进行了二审。二审法院认为，A 熟食店是取得"食品小作坊小餐饮登记证"的食品小作坊，售卖给孔先生的熟食是散装食品，不是预包装食品。孔先生在购买熟食前，已与该店进行了充分沟通，已知晓食品的名称、生产日期，以及生产者名称、地址、联系方式等信息。孔先生依据生活常识，完全可以判断出熟食的保质期。孔先生作为职业打假人，在诉讼过程中没有如实陈述，这种具有明显恶意的行为，不符合《中华人民共和国食品安全法》要求赔付的条件。因此孔先生的诉讼请求没有事实根据和法律依据，法院不予支持，依法驳回其十倍赔偿的诉讼请求，且一审案件受理费、二审案件受理费均由孔先生承担。

分析解读

《中华人民共和国食品安全法》第一百四十八条规定，如果发现生产不符合食品安全标准的食品或者经营明知是不符合食品安全标准的食品，消费者除要求赔偿损失外，还可以向生产者或者经营者要求支付价款 10 倍或者损失 3 倍的赔偿金。本法律法规可以帮助维护消费者合法权益，防止商家售卖假冒、劣质的不合格食品。如果职业打假人在打假活动中能够守住道德法律底线，实事求是，合理索赔，以此为职业并无不可，其行为对维护市场秩序、伸张消费者权益也能起到一定的积极作用。

但如果打假人恶意打假，采取将销售者的产品调包、自带假货等非法手段，对被害人使用恐吓、威胁或要挟的方式，以达到敲诈勒索非法占有别人财物的目的，那么就构成欺诈，需要承担法律责任。

本案中，孔先生的行为不构成敲诈勒索，但是由于其举报 A 熟食店的食物存在食品安全问题缺乏事实依据，故法院经审理判决驳回原告孔先生的诉讼请求。

法条援引

《中华人民共和国刑法》

第二百七十四条　敲诈勒索公私财物，数额较大或者多次敲诈勒索的，处三年以下有期徒刑、拘役或者管制，并处或者单处罚金；数额巨大或者有其他严重情节的，处三年以上十年以下有期徒刑，并处罚金；数额特别巨大或者有其他特别严重情节的，处十年以上有期徒刑，并处罚金。

《中华人民共和国食品安全法》

第一百四十八条　消费者因不符合食品安全标准的食品受到损害的，可以向经营者要求赔偿损失，也可以向生产者要求赔偿损失。接到消费者赔偿要求的生产经营者，应当实行首负责任制，先行赔付，不得推诿；属于生产者责任的，经营者赔偿后有权向生产者追偿；属于经营者责任的，生产者赔偿后有权向经营者追偿。

生产不符合食品安全标准的食品或者经营明知是不符合食品安全标准的食品，消费者除要求赔偿损失外，还可以向生产者或者经营者要求支付价款十倍或者损失三倍的赔偿金；增加赔偿的金额不足一千元的，为一千元。但是，食品的标签、说明书存在不影响食品安全且不会对消费者造成误导的瑕疵的除外。

样品当新品卖，是否构成消费欺诈？

经典案例

马先生迁新居，在 A 家居商店购买了一套沙发、组合柜等家具，并与 A 家居商店贾老板签订了书面买卖合同。合同中约定马先生购买的家具均系全新，贾老板应于合同签订一周内向马先生交付家具。

几天后，马先生在家收到了家具，但是细心的家人在沙发缝里发现了写有"展示样品"的纸条，另外沙发缝里还沾了少许灰尘和污渍，经过细看还发现沙发表面颜色与角落颜色相比，略微有些褪色。于是马先生去贾老板店里询问。贾老板当即承认沙发是展示的样品，并表示沙发成色很新且不存在质量问题，只同意赠送马先生礼品予以补偿；如果执意要换货，需要马先生自己承担来回的运费200 元。马先生认为贾老板的行为构成消费欺诈，要求赔偿损失，遂就此事诉至法院。

法院经审理查明，原告马先生与被告贾老板约定购买的家具系新品，因此对于马先生而言，新品与否是影响案涉家具交易的重要信息。被告贾老板故意隐瞒真相，在未征得马先生同意的情况下以样品充作新品进行交付，侵犯了马先生作为消费者的知情权与选择权，构成欺诈。据此，法院依法判决被告贾老板退还原告马先生家具款 17680 元，并按照其向马先生售出的样品沙发价格的三倍赔偿马先生损失 18423 元，合计 36103 元。

分析解读

产品销售者在出售商品时，应当遵守等价有偿、诚实信用的原则，不得以欺诈等手段侵害消费者的合法权益。作为产品的出售方，样品当新品卖，无论是有意还是无意，都属于欺诈消费者的行为。本案例中，贾老板明知道沙发是样品，仍在马先生不知情的情况下按照新品出售给马先生，该行为已构成欺诈。故对马先生要求贾老板赔偿损失的诉讼请求予以支持。

经营者提供商品或者服务，有欺诈行为的，应当按照消费者的要求，退还货款并额外赔偿其受到的损失，额外赔偿的金额为消费者购买商品的价款，或者接受服务的费用的一倍。发现欺诈行为，消费者还可以要求经营者退还消费者已经支付的金额，同时按照消费者购买商品的价款，或者接受服务的费用的三倍标准支付赔偿。

法条援引

《中华人民共和国民法典》

第七条　民事主体从事民事活动，应当遵循诚信原则，秉持诚实，恪守承诺。

《中华人民共和国消费者权益保护法》

第四条　经营者与消费者进行交易，应当遵循自愿、平等、公平、诚实信用的原则。

第四十三条 消费者在展销会、租赁柜台购买商品或者接受服务，其合法权益受到损害的，可以向销售者或者服务者要求赔偿。展销会结束或者柜台租赁期满后，也可以向展销会的举办者、柜台的出租者要求赔偿。展销会的举办者、柜台的出租者赔偿后，有权向销售者或者服务者追偿。

第五十二条 经营者提供商品或者服务，造成消费者财产损害的，应当依照法律规定或者当事人约定承担修理、重作、更换、退货、补足商品数量、退还货款和服务费用或者赔偿损失等民事责任。

第五十五条 经营者提供商品或者服务有欺诈行为的，应当按照消费者的要求增加赔偿其受到的损失，增加赔偿的金额为消费者购买商品的价款或者接受服务的费用的三倍；增加赔偿的金额不足五百元的，为五百元。法律另有规定的，依照其规定。

经营者明知商品或者服务存在缺陷，仍然向消费者提供，造成消费者或者其他受害人死亡或者健康严重损害的，受害人有权要求经营者依照本法第四十九条、第五十一条等法律规定赔偿损失，并有权要求所受损失二倍以下的惩罚性赔偿。

👤 二手家电有保修期吗?

······· 经典案例 ·······

王先生经营了一家烧烤店。生意到了旺季,他需要给店里添置一台电冰柜,考虑到成本问题,就从当地的二手家电经销商刘老板处花 500 元购买了一台二手冰柜。为确保冰箱的制冷效果,双方约定试机一天后再进行交易。试机后,王先生认可了冰箱制冷效果,于是愉快地付了剩余款项。

但是,王先生将冰柜买回家使用了一个星期后,发现该冰柜内壁的冰全部融化,存放其中的菜品也发生了轻微变质。于是王先生联系刘老板要求其负责该冰柜的维修。但刘老板声称,其店一贯强调 "一经售出,概不负责" 的原则,二手家电价格低,因此不提供质量保障服务。协商无果,王先生只好拨打消费者申诉举报热线,向工作人员投诉了该问题。

工作人员接到投诉后,联系刘老板向其讲解了《旧电器电子产品流通管理办法》中关于二手家电的销售条款,告知刘老板在销售二手家电时应当向购买者出具销售凭证或发票,并应当提供不少于3 个月的免费包修服务。在工作人员的调解下,刘老板同意对王先生购买的冰箱进行免费修理的要求。

分析解读

我国法律法规规定，如果经营出售的旧电器电子产品在三包有效期内的，经营者依然应当承担三包责任；在交易时已经超出了法定三包期限的，经营者仍然要向购买者提供至少三个月的免费包修服务。

为保障自身权益，消费者在购买二手商品时有必要索要有效的购物凭证、发票或信誉卡，同时还要注意了解所购买旧商品的生产企业名称、品牌名称、生产日期等，最好能用书面形式与经营者明确约定购买旧商品的使用保证期限，并明确包修、包退、包换的具体事项。

法条援引

《旧电器电子产品流通管理办法》

第十三条 经营者应当向购买者出具销售凭证或发票，并应当提供不少于3个月的免费包修服务，交易双方另有约定的除外。旧电器电子产品仍在三包有效期内的，经营者应依法履行三包责任。

经营者应当设立销售台账，对销售情况进行如实、准确记录。

第二十条 经营者违反本办法第九条、第十一条、第十二条、第十三条、第十八条规定的，由法律、行政法规规定的有关部门依法处理；法律法规未作规定的，由县级以上地方商务主管部门责令改正；逾期不改正的，可处二千元以上一万元以下罚款；构成犯罪的，依法追究刑事责任。

《中华人民共和国消费者权益保护法》

第二十四条 经营者提供的商品或者服务不符合质量要求的，

消费者可以依照国家规定、当事人约定退货，或者要求经营者履行更换、修理等义务。没有国家规定和当事人约定的，消费者可以自收到商品之日起七日内退货；七日后符合法定解除合同条件的，消费者可以及时退货，不符合法定解除合同条件的，可以要求经营者履行更换、修理等义务。

依照前款规定进行退货、更换、修理的，经营者应当承担运输等必要费用。

委托他人买彩票中奖归谁？

经典案例

2021 年 6 月，周先生与经营彩票店的李先生相识，双方互加微信，两人通过口头约定周先生以后买彩票可以通过微信转账给李先生，由其代买。

2021 年 7 月，周先生邀请几个有购买彩票意向的同事组建了微信群，并邀请李先生加入群聊。此后，大家就经常在这个群里发出购彩信息，彩票统一由李先生代买，周先生和同事一般会在开奖前以发微信红包或转账的形式向李先生支付彩票票款。

2021 年 11 月，周先生再次在群聊中发出购买信息，李先生按提供的信息代买了彩票，并向彩票点客服人员支付了款项。当天开奖结果公布，李先生帮周先生代买的那张彩票中奖，金额为

30 万元。

开奖后，周先生于当日向李先生转账了购买彩票的费用，李先生收下了该笔转账。但是李先生认为该彩票为自己购买，并非周先生委托购买，自己理应得到该彩票所中的奖金。双方对此产生异议。李先生将周先生起诉至法院。

当地人民法院根据各方举证质证情况及庭审陈述，认定案涉彩票系周先生委托李先生所购买。根据《中华人民共和国民法典》第九百一十九条"委托合同是委托人和受托人约定，由受托人处理委托人事务的合同"的规定，委托合同乃诺成合同，当事人意思表示一致时合同即告成立，并无须以委托人先支付受托人完成受托事务所需之费用为成立条件，故委托人在彩票开奖前抑或开奖后才向受托人支付购买彩票的款项并不会影响双方之间委托关系建立的认定。原告作为受托人，应遵守诚实守信原则，依照委托的内容来处理委托事项，为被告处理委托事务而取得的收益理当归属于被告。

综上所述，李先生主张案涉彩票系其自行购买、并非受周先生委托所购与客观事实不符，法院不予采信。李先生诉求周先生向其支付彩票中奖金额 30 万元缺乏事实和法律依据，法院不予支持。法院最终判决驳回原告李先生的全部诉讼请求。

分析解读

彩票具有"不记名"的性质，谁持有彩票，谁就是该彩票的所有人，有权凭彩票和相应的证件领取奖金。因此，委托他人代买彩票，如果中奖，就很容易因为中奖彩票以及奖金的归属产生纠纷。

本案例中，在李先生购买争议彩票前，周先生通过微信向李先生发出了购买彩票信息，并且李先生此前已多次代被告购买过彩票，应十分清楚此次周先生所提供的购票信息的真实意思如此前一样，系要求李先生代为购买彩票而非提供信息让李先生为自己购买彩票。

李先生在接收到周先生的彩票信息后完成了彩票购买，并在之后收取了周先生所支付的购买彩票款项，他们双方之间形成了委托关系。具体到委托购买彩票这一事务，委托人即为购买彩票的出资人周先生，受托人则是实际购买和获得彩票的人李先生。

法条援引

《中华人民共和国民法典》

第九百一十九条 委托合同是委托人和受托人约定，由受托人处理委托人事务的合同。

第九百二十条 委托人可以特别委托受托人处理一项或者数项事务，也可以概括委托受托人处理一切事务。

第九百二十一条 委托人应当预付处理委托事务的费用。受托人为处理委托事务垫付的必要费用，委托人应当偿还该费用并支付利息。

第九百二十八条 受托人完成委托事务的，委托人应当按照约定向其支付报酬。

因不可归责于受托人的事由，委托合同解除或者委托事务不能完成的，委托人应当向受托人支付相应的报酬。当事人另有约定的，按照其约定。

快递丢失，由谁赔？

••••••• 经典案例 •••••••

王先生经营了一家饰品加工工厂。2023 年 1 月，王先生接到在其他省经营饰品店的刘先生下的订单，于是在 A 快递公司代理点将一箱饰品邮寄给了刘先生，并支付了邮费 60 元。

半个月过去，刘先生迟迟未收到快递。王先生查询后发现快递在运输过程中丢失了。王先生为此损失工人加工费 6000 元及饰品材料费 12000 元。王先生要求 A 快递公司赔偿全部损失无果，于是将 A 快递公司起诉至法院。

A 快递公司声称将货物委托给 B 物流公司进行运输，应由 B 物流公司承担赔偿责任。B 物流公司主动应诉，原告当庭同意变更被告。B 物流公司在庭审中辩称，王先生是从代理点寄的快递，公司没有从王先生手中接收货物，建议王先生与寄件的代理点协商理赔事宜，公司将按流程赔偿钱款给代理点。

法院经庭审查明，被告 B 物流公司为 A 快递公司授权运输的加盟商，并与代理点签有加盟协议。我国《快递暂行条例》第十九条第三款规定，用户的合法权益因快件延误、丢失、损毁或者内件短少而受到损害的，用户可以要求该商标、字号或者快递运单所属企业赔偿，也可以要求实际提供快递服务的企业赔偿。本案中，案涉快件丢失，B 物流公司作为实际提供快递服务的企业，应承担赔偿责任。王先生要求 B 物流公司赔偿货物价值及邮费共计 18060 元，理由正当，法院予以支持。

分析解读

依据我国相关法律法规的规定，寄送的快件丢失，如果没有保价的，一般按照实际损失赔偿，但最高赔偿额不超过所收取资费的三倍。在本案例中，王先生的快递是在运输过程中丢失的，B 物流公司存在重大过失，因此判定为由 B 物流公司赔偿全部损失。同时快递营业点没有尽到提醒王先生参加保价的责任，所以 B 物流公司在赔偿王先生损失后，还可以与快递经营点就该快递丢失具体责任进行协商。

在实际生活中，在邮寄贵重物品快递时可以选择全额保价，方便在丢件时争取自己的权益。如果发生快递延误、丢失、损毁或内件不符合等问题时，可以与快递公司或寄件人沟通解决，如果还无法解决，可以寻求法律帮助。

法条援引

《快递暂行条例》

第十九条 两个以上经营快递业务的企业可以使用统一的商标、字号或者快递运单经营快递业务。

前款规定的经营快递业务的企业应当签订书面协议明确各自的权利义务，遵守共同的服务约定，在服务质量、安全保障、业务流程等方面实行统一管理，为用户提供统一的快件跟踪查询和投诉处理服务。

用户的合法权益因快件延误、丢失、损毁或者内件短少而受到损害的，用户可以要求该商标、字号或者快递运单所属企业赔偿，也可以要求实际提供快递服务的企业赔偿。

《中华人民共和国邮政法》

第四十七条 邮政企业对给据邮件的损失依照下列规定赔偿：

（一）保价的给据邮件丢失或者全部损毁的，按照保价额赔偿；部分损毁或者内件短少的，按照保价额与邮件全部价值的比例对邮件的实际损失予以赔偿。

（二）未保价的给据邮件丢失、损毁或者内件短少的，按照实际损失赔偿，但最高赔偿额不超过所收取资费的三倍；挂号信件丢失、损毁的，按照所收取资费的三倍予以赔偿。

邮政企业应当在营业场所的告示中和提供给用户的给据邮件单据上，以足以引起用户注意的方式载明前款规定。

邮政企业因故意或者重大过失造成给据邮件损失，或者未履行前款规定义务的，无权援用本条第一款的规定限制赔偿责任。

🧑 小孩在饭店不小心被烫伤，由谁负责？

经典案例

2015 年 8 月 10 日，4 岁的雷雷与父母一同去 A 饭店就餐。雷雷在去洗手的过程中，不小心滑倒，碰翻了自来水管旁一盆洗碗用的热水，导致其左侧胸腹部及下肢严重烫伤。雷雷父母赶忙将他送往医院治疗，在治疗期间，A 饭店经营者去医院看望雷雷并向其父母支付 2000 元。随后，雷雷父母与 A 饭店经营者就赔偿事宜展开协商，未果。雷雷父母以雷雷为原告将 A 饭店经营者起诉至法院。

雷雷父母认为 A 饭店经营者有义务为顾客提供安全的就餐环境，因其疏于管理，未尽到相应的安全保障义务，故应对雷雷烫伤产生的损失承担赔偿责任，请求法院判令被告偿还原告雷雷的医疗费、伙食补助费、护理费、营养费、鉴定费、车费等费用共计 22316.98 元及后续治疗的损失。A 饭店经营者认为，自己将洗碗用的热水放在离洗手水龙头 3 米远的地方，已尽到避免烫伤顾客的责任，同时雷雷父母是雷雷的第一监护人，没有尽到照看孩子的责任，对烫伤事故也需要承担一部分责任，因此只同意承担 30% 的医药费。

法院经审理认为，A饭店经营者未能尽到给顾客提供安全保障义务，疏于管理，故应对原告雷雷所受损失承担主要责任；原告雷雷系无民事行为能力人，其监护人未尽到监护人的职责，应承担原告雷雷所受损失的部分责任。法院最终判决，被告A饭店经营者于判决生效之日起三日内赔偿给原告雷雷医疗费、护理费等款项的70%，共计16993元，扣除已支付的2000元，仍应赔偿原告雷雷各项损失共计14993元；驳回原告的其他诉讼请求；如果未按判决指定的期间履行给付金钱义务，应当按照《中华人民共和国民事诉讼法》第二百五十三条之规定，加倍支付迟延履行期间的债务利息；案件受理费235元，由原告雷雷承担70元，由被告A饭店经营者承担165元。

分析解读

司法实践中，人员在饭店、宾馆、商场、银行等经营场所、公共场所不慎受伤的案例比较常见。这些场所通常人流量较大，人员密集，场所经营者、管理者应重视并做好安全保障工作，如摆放安全警示牌、增设安全护栏等，还应对到访者进行安全提示，完善安全隐患排查制度，及时发现并整改潜在的安全隐患，最大限度保障人民群众的人身及财产安全。作为消费者，在公共场所也应当提高安全意识，看管、照顾好孩子，避免滑倒、防止烫伤、远离电路等，最大限度保障自身免受伤害。

根据《中华人民共和国民法典》第一千一百九十八条的规定，宾馆、商场、银行、车站、机场、体育场馆、娱乐场所等经营场所、公共场所的经营者、管理者或者群众性活动的组织者，未尽到安全保障义务，造成他人损害的，应当承担侵权责任。本案例中，被告A饭店经营者作为公共场所经营者，应对顾客尽到合理的安全保障义务，需要负责雷雷医疗等损失费用的70%，而雷雷父母则因自己未尽到监护责任人职责，也需要承担医疗费用等损失的30%。

法条援引

《中华人民共和国民法典》

第一千一百九十一条 用人单位的工作人员因执行工作任务造成他人损害的，由用人单位承担侵权责任。用人单位承担侵权责任后，可以向有故意或者重大过失的工作人员追偿。

劳务派遣期间，被派遣的工作人员因执行工作任务造成他人损害的，由接受劳务派遣的用工单位承担侵权责任；劳务派遣单位有过错的，承担相应的责任。

第一千一百九十八条 宾馆、商场、银行、车站、机场、体育场馆、娱乐场所等经营场所、公共场所的经营者、管理者或者群众性活动的组织者，未尽到安全保障义务，造成他人损害的，应当承担侵权责任。

因第三人的行为造成他人损害的，由第三人承担侵权责任；经营者、管理者或者组织者未尽到安全保障义务的，承担相应的补充责任。经营者、管理者或者组织者承担补充责任后，可以向第三人追偿。

♟ 信用卡逾期了会有什么后果?

2018 年 9 月,杜女士向 A 银行提出申领一张信用卡。A 银行对杜女士进行了资信调查,同意了杜女士的办卡申请,批准授信额度为人民币 2 万元。杜女士填写并签署了 A 银行信用卡申请手续,同意遵守领用合约、章程等内容。

随后,杜女士将信用卡激活并持卡消费,产生信用卡贷款本金、利息、逾期费用共计 17817.74 元。A 银行多次催收,杜女士以种种理由拒不归还所欠款项,于是 A 银行将杜女士诉至当地人民法院。杜女士并未到法院应诉。

法院经审理认为,杜女士向 A 银行申领信用卡并签字承诺遵守信用卡领用合约的各项规则,A 银行经审查同意发放该信用卡,双方形成了信用卡合约关系,且合约内容合法合规,当属有效。杜女士持卡透支消费后,未能及时还清透支款项,经原告催收,仍未履行还款义务,其行为违反信用卡领用合约的规定,已构成违约,依法应当承担相应的民事责任。故 A 银行按信用卡领用合约的约定要求杜女士偿还信用卡透支消费所欠的贷款本金及利息、逾期费用,法院应予支持。依照《中华人民共和国合同法》(已于 2021

年 1 月 1 日废止）及《中华人民共和国民法典》相关规定，法院判决被告杜女士偿还原告信用卡贷款本金、利息、逾期费用合计人民币 17817.74 元。杜女士经法院公告送达开庭传票未到庭参加诉讼，其行为应视为对抗辩及举证、质证权利的放弃，由此产生的不利诉讼后果应自行承担。

分析解读

信用卡逾期，不仅会产生一些违约金、罚息等的支出，也会对个人征信记录造成影响。不良的信用记录还会影响今后的房贷、车贷等贷款，给生活造成不便。总之，日常生活中应当避免发生信用卡逾期的情况。

当发生信用卡逾期，如果是因为自然灾害等外界原因，可以与银行进行友好协商；如果是个人经济上遇到困难，可以携带相关材料证明自己并非恶意逾期；如果是短期内不能将欠款全部结清，还可以和银行、贷款平台协商还款，申请停息挂账，避免起诉和催收。

信用卡逾期一般属于民事纠纷，不会判刑，但是情节严重的，比如恶意透支、使用伪造的信用卡，或者使用以虚假的身份证明骗领的信用卡、使用作废的信用卡、冒用他人信用卡等情况，则需要承担刑事责任。

法条援引

《中华人民共和国刑法》

第一百九十六条 有下列情形之一，进行信用卡诈骗活动，数额较大的，处五年以下有期徒刑或者拘役，并处二万元以上二十万元以下罚金；数额巨大或者有其他严重情节的，处五年以上十年以下有期徒刑，并处五万元以上五十万元以下罚金；数额特别巨大或者有其他特别严重情节的，处十年以上有期徒刑或者无期徒刑，并处五万元以上五十万元以下罚金或者没收财产：

（一）使用伪造的信用卡，或者使用以虚假的身份证明骗领的信用卡的；

（二）使用作废的信用卡的；

（三）冒用他人信用卡的；

（四）恶意透支的。

前款所称恶意透支，是指持卡人以非法占有为目的，超过规定限额或者规定期限透支，并且经发卡银行催收后仍不归还的行为。

盗窃信用卡并使用的，依照本法第二百六十四条的规定定罪处罚。

👤 中介人未促成交易，可否要求支付中介费？

经典案例

孙先生通过一家房屋中介公司买房。中介公司销售部王经理带孙先生去现场看了五套房源后，孙先生相中了一套三居室。随后孙先生与卖家、中介公司三方签订了《购房确认书》，并支付了卖家购房意向金1万元。

第二天，孙先生的家人就该房的房价及税费等问题与卖家讨价还价，后卖家不同意将房屋出售给孙先生，并退还了孙先生之前支付的 1 万元。中介公司的王经理认为，签订《购房确认书》后，孙先生未前来与卖家签订房屋买卖合同，致使公司无法收取相应的中介费用，于是起诉至法院要求孙先生支付中介损失费 9000 元。

法院经审理认为，居间人未促成合同成立的，不得要求支付报酬，但可以要求委托人支付从事居间活动支出的必要费用。本案例中，中介公司对此次居间活动提供了相应的媒介服务，虽未促成双方签订房屋买卖合同，但为此付出了一定的劳务并支出了必要的费用。最后，法院综合原告提供居间服务的内容及考虑买卖合同最终未能签订的原因等因素，酌定孙先生向中介公司支付居间必要费用900 元。

分析解读

在现实中，买卖双方达成交易的过程中会存在多种不确定性。很多时候买卖合同未能最终签订并非中介的原因，但中介同样做了大量的前期工作，提供了服务，如果中介无法获得任何报酬，那对中介而言就是不公平的。根据《中华人民共和国民法典》相关规定，即使中介人未促成合同成立，也可按照约定请求委托人支付从事中介活动支出的必要费用。

本案例中，孙先生最终未能与卖家达成买卖合同，中介公司要求支付全额的中介费用是不合理的，即便《购房确认书》中有"买卖不成中介费不退"等类似的条款，这也不符合《中华人民共和国民法典》相关规定，孙先生可主张该条款无效。合理的中介服务活动收费既要避免发生中介服务机构乱收费的情形，也要避免出现委托人推诿而拒付中介人必要费用的状况。中介促成房屋买卖合同成立的，中介才可以要求支付报酬，如果未促成，只能收取居间服务费用。

······ 法条援引 ······

《中华人民共和国民法典》

第九百六十一条 中介合同是中介人向委托人报告订立合同的机会或者提供订立合同的媒介服务，委托人支付报酬的合同。

第九百六十三条 中介人促成合同成立的，委托人应当按照约定支付报酬。对中介人的报酬没有约定或者约定不明确，依据本法第五百一十条的规定仍不能确定的，根据中介人的劳务合理确定。因中介人提供订立合同的媒介服务而促成合同成立的，由该合同的当事人平均负担中介人的报酬。

中介人促成合同成立的，中介活动的费用，由中介人负担。

第九百六十四条 中介人未促成合同成立的，不得请求支付报酬；但是，可以按照约定请求委托人支付从事中介活动支出的必要费用。

👤 在合同上只摁了手印，法律效力和签字一样吗？

······ 经典案例 ······

2011年5月，吴大爷的儿子结婚，吴大爷将其和老伴名下的一套两居室作为了儿子和儿媳结婚的婚房。2018 年，吴大爷的儿子因意外不幸去世，留下吴大爷的儿媳赵女士和孙女小吴，母女俩一直在这套两居室内居住。2019 年，吴大爷夫妇将名下的这套两居室赠与孙女小吴，并以儿媳的名义办理了房屋赠与更名手续。

2021 年，赵女士再婚并与现任丈夫和女儿小吴一同居住在这套房屋里。这让吴大爷和老伴心里很不是滋味，主张撤销当年签订的赠与合同，并要求前儿媳赵女士返还房产。与赵女士进行了多次协商，赵女士并不同意，于是吴大爷夫妇决定将前儿媳赵女士诉至法院。

法院经审理认为，吴大爷夫妇在房产赠与合同书落款处摁了手印，是真实意思表示，认定为合同有效。现吴大爷夫妇要求撤销房产赠与合同，于法无据。法院遂判决驳回了吴大爷夫妇的诉讼请求。

·········· 分析解读 ··········

从法律上讲，摁手印同样意味着对合约中相关事宜的认可或承诺，会对应产生与签字、盖章相同的权利义务。根据《中华人民共和国民法典》第四百九十条中的规定，当事人采用合同书形式订立合同的，自当事人均签名、盖章或者按指印时合同成立。在实践中，相当数量的当事人在订立合同或用以证明某项法律事实的存在时，或出于习惯，或受文化程度、身体健康状况的限制，仅在合同书上摁手印，而不是签名、盖章。结合本案例，吴大爷与赵女士之前订立合同时，在合同书上摁手印的做法与在合同上签字、盖章的法律效力是同样的。因此吴大爷夫妇在已办理房屋赠予手续，并将房屋过户到儿媳和孙女的情况下，后续是不可以将房屋收回的。

根据《中华人民共和国民法典》第六百五十八条规定，赠与人在赠与财产的权利转移之前可以撤销赠与。

法律规定，受赠人有下列情形之一的，赠与人可以撤销赠与，要回房屋：严重侵害赠与人或者赠与人近亲属的合法权益；对赠与人有扶养义务而不履行；不履行赠与合同约定的义务。而本案例中，赵女士再婚的行为并不符合此类条件，故法律对吴大爷夫妇要求返还房产的主张不予支持。

法条援引

《中华人民共和国民法典》

第一百四十三条 具备下列条件的民事法律行为有效：

（一）行为人具有相应的民事行为能力；

（二）意思表示真实；

（三）不违反法律、行政法规的强制性规定，不违背公序良俗。

第四百九十条 当事人采用合同书形式订立合同的，自当事人均签名、盖章或者按指印时合同成立。在签名、盖章或者按指印之前，当事人一方已经履行主要义务，对方接受时，该合同成立。

法律、行政法规规定或者当事人约定合同应当采用书面形式订立，当事人未采用书面形式但是一方已经履行主要义务，对方接受时，该合同成立。

第六百五十八条 赠与人在赠与财产的权利转移之前可以撤销

赠与。

经过公证的赠与合同或者依法不得撤销的具有救灾、扶贫、助残等公益、道德义务性质的赠与合同，不适用前款规定。

👤 以房养老？当心落入非法集资的陷阱！

经典案例

2015 年 4 月，年近八旬的倪大爷在公园里认识了自称是理财经理的朱先生。朱先生向倪大爷推荐了一个名为"以房养老"的项目，称该项目可以对老年人拥有的房产资源通过金融方式实现提前套现变现，为晚年生活收获稳定的现金流入。

很快，倪大爷便经朱先生办理了该业务，将房产抵押贷款给了 A 公司，A 公司承诺按 30% 的年息返利，每月另外给 5 万元生活费。但是两个月过后，A 公司并没有如期支付相应款项。倪大爷催促朱先生，朱先生百般推辞。最后，因 A 公司欠其他客户钱，A 公司的其他客户屡次找到倪大爷住处催债，而倪大爷根本不认识这些人。倪大爷和老伴不堪忍受被催债，只好在外租房居住。几个月后，倪大爷的房屋被强制办理了过户。

倪大爷的儿子觉察到父亲肯定是遇上诈骗了，赶忙向公安机关报案。A 公司负责人赵先生很快被公安抓获。

倪大爷等多名受害者将赵先生诉至法院。法院经审理查明，

A公司假借"以房养老"项目的名义，使多名受害人在不知情的情况下签署了借款合同和委托书。在委托书中，老人将自己房屋的抵押、买卖、产权转移、纳税等权利全部委托给了A公司。A公司将所得资金挪作他用，造成老人不仅没有挣到钱，甚至还失去了房产，无家可归。A公司具有骗取被害人钱款的主观故意及行为，故不论其是否与被害人签署了借款合同，以及与被害人之间的借款是否名为"以房养老"，其均应对此承担刑事责任。2018年7月2日，当地法院作出判决，被告人赵先生犯诈骗罪，判处无期徒刑，剥夺政治权利终身，并处没收个人全部财产，责令其退赔被害人的经济损失。

分析解读

"以房养老"，全称老年人住房反向抵押养老保险，是一款将住房抵押与终身养老年金保险相结合的创新型商业养老保险，即拥有房屋完全合法产权的老年人将房产抵押给保险公司，继续拥有房屋占有、使用、收益和经抵押权人（保险公司）同意的处置权，并按照约定条件领取养老金直至身故。

不法分子通常不具备合法合规开展"以房养老"业务的资质，常利用低风险、高收益、高回报的虚假承诺来诱骗老年人。老年朋友在决定是否购买这类产品前，应向当地银行保险监督管理部门咨询核实。另外，在签订合同时一定要注意，正规的"以房养老"项目只是一种保险产品，在办理的过程中不会出现借款合同、房屋买卖或理财合同等。

《中华人民共和国刑法》

第一百九十二条 以非法占有为目的，使用诈骗方法非法集资，数额较大的，处三年以上七年以下有期徒刑，并处罚金；数额巨大或者有其他严重情节的，处七年以上有期徒刑或者无期徒刑，并处罚金或者没收财产。

单位犯前款罪的，对单位判处罚金，并对其直接负责的主管人员和其他直接责任人员，依照前款的规定处罚。

《最高人民法院关于审理非法集资刑事案件
具体应用法律若干问题的解释》

第七条 以非法占有为目的，使用诈骗方法实施本解释第二条规定所列行为的，应当依照刑法第一百九十二条的规定，以集资诈骗罪定罪处罚。

使用诈骗方法非法集资，具有下列情形之一的，可以认定为"以非法占有为目的"：

（一）集资后不用于生产经营活动或者用于生产经营活动与筹集资金规模明显不成比例，致使集资款不能返还的；

（二）肆意挥霍集资款，致使集资款不能返还的；

（三）携带集资款逃匿的；

（四）将集资款用于违法犯罪活动的；

（五）抽逃、转移资金、隐匿财产，逃避返还资金的；

（六）隐匿、销毁账目，或者搞假破产、假倒闭，逃避返还资金的；

（七）拒不交代资金去向，逃避返还资金的；

（八）其他可以认定非法占有目的的情形。

集资诈骗罪中的非法占有目的，应当区分情形进行具体认定。行为人部分非法集资行为具有非法占有目的的，对该部分非法集资行为所涉集资款以集资诈骗罪定罪处罚；非法集资共同犯罪中部分行为人具有非法占有目的，其他行为人没有非法占有集资款的共同故意和行为的，对具有非法占有目的的行为人以集资诈骗罪定罪处罚。

担保与人格 〉〉〉

迫于情面做担保，你要考虑哪些法律风险？

经典案例

张先生和李先生都是何先生生意场上的朋友。一次饭局上，张先生因生意周转需要向李先生借款 20 万元，双方约定好了借款利率和还款日期。因何先生与双方都是熟人，交谈间何先生也就顺水推舟成了这笔借贷的担保人，并在借条上签上了自己的名字。

到了还款日，张先生本该将借款及利息全部归还，但不料因为生意失败，张先生无法按照约定时间支付。张先生在支付了 3 万元后，为了逃避债务"玩失踪"，再也联系不到了。

李先生通过多方打听，1 年后在张先生的母亲家里找到了张先生，但此时张先生公司已破产，名下的房产、车辆等资产已被查封，根本无力偿还全部借款。在李先生的再三追讨下，张先生只好东拼西凑拿出 5 万元还给李先生，剩余借款继续拖欠。李先生无奈，只好将张先生及担保人何先生一起告上法庭。法院经审理判决，原、被告约定的保证方式为连带保证责任，保证期限为债务期限届满之日起两年内，现原告在还款期限届满后法定的期限内提起诉讼，请求被告何先生对本案借款承担连带责任，符合法律规定，法院予以支持。

何先生为了维护个人信用，只好代张先生偿还了欠款。1年后，何先生找到张先生要求归还所付款项，但张先生表示其欠款已还清，不予理会，于是何先生将张先生诉至法院。法院经审理认为，担保人承担保证责任后，有权向债务人追偿。本案中，何先生作为担保人已承担担保责任，其向债务人追偿于法有据，判决被告张先生于一定期限内还款。

<h2>分析解读</h2>

现实生活中，很多人会迫于情面去做本不愿意做的事情，如作为朋友借钱的担保人，但是要意识到做担保不只是签个名字、摁个手印那么简单，其法律风险较大。

一般情况下，在合同中没有明确标明担保人的责任时，担保人都被视为连带担保人。当借款人无法按照约定履行债务时，担保人必须承担相应的责任。因此，迫于情面为熟人担保借款时，一定要考虑清楚自己能否承担其中的风险，明确自己需要承担的责任。本案例中，张先生未能如期返还李先生剩余的欠款及相关利息，作为担保人的何先生必须承担连带责任保证。由于当时张先生名下已无可执行财产，因此这笔债务就落到作为担保人的何先生身上，法院判决何先生偿还李先生欠款及利息。

如果自己已经是担保人，那么首先需要明确自己的承担范围和方式。当欠款人无法按时还款时，我们首先需要与欠款人沟通和协商。在协商过程中，我们一方面要了解欠款人的具体情况和原因，并根据实际情况制定合理的还款计划，另一方面也需要注意保留相关证据和信息，以便后续的处理。如果欠款人拖延还款或者拒绝还款，我们可以通过法律手段进行追讨。

法条援引

《中华人民共和国民法典》

第三百八十六条 担保物权人在债务人不履行到期债务或者发生当事人约定的实现担保物权的情形，依法享有就担保财产优先受偿的权利，但是法律另有规定的除外。

第六百八十七条 当事人在保证合同中约定，债务人不能履行债务时，由保证人承担保证责任的，为一般保证。

一般保证的保证人在主合同纠纷未经审判或者仲裁，并就债务人财产依法强制执行仍不能履行债务前，有权拒绝向债权人承担保证责任，但是有下列情形之一的除外：

（一）债务人下落不明，且无财产可供执行；

（二）人民法院已经受理债务人破产案件；

（三）债权人有证据证明债务人的财产不足以履行全部债务或者丧失履行债务能力；

（四）保证人书面表示放弃本款规定的权利。

第六百八十八条 当事人在保证合同中约定保证人和债务人对债务承担连带责任的，为连带责任保证。

连带责任保证的债务人不履行到期债务或者发生当事人约定的情形时，债权人可以请求债务人履行债务，也可以请求保证人在其保证范围内承担保证责任。

🙎 哪些情况下担保无效？

·········· 经典案例 ··········

2019 年 5 月 20 日，A 公司向曹先生借款 1800 万元用于 B 公司资金周转。曹先生与 A 公司签订《保证借款合同》，双方约定月利率为 2%，借款期限为半年，C 公司作为保证人在合同中盖章，为上述借款承担连带责任保证。合同签订后，曹先生将 1800 万元转账到 B 公司账户上。

2019 年 12 月，B 公司返还给曹先生 1500 万元，剩余约 380 万元欠款不予偿还。于是，曹先生诉至法院，要求 A 公司返还剩余欠款及利息，C 公司、B 公司承担连带责任。

法院认为，C 公司虽辩称保证借款合同系在其不知情不同意的情况下签订的，但应当认定担保合同符合 C 公司的真实意思表示。C 公司、B 公司辩称 C 公司的印章是在空白的纸上加盖的，即使 C 公司的印章为在空白纸张上加盖的，应当视为公司对盖章人的无限授权，C 公司的担保行为合法有效。本案借款的用途约定为 B 公司经营资金周转，款项实际支付至 B 公司账户，该行为属于当事人履行合同约定，故对要求 B 公司承担连带责任不予支持。法院最终判决 A 公司归还借款本息，C 公司承担连带责任。

C 公司提出上诉，二审法院经审理认为，C 公司提交的录音证据证明，C 公司盖章事宜系曹先生的母亲办理，当时曹先生本人并不知情。且 C 公司为 B 公司成立之初的出资人之一，占股 45%。C 公司在案涉合同保证人处的签章属于公司对外提供担保的情况，故本案所涉 C 公司对外提供担保不符合依法无需履行法定程序而直接担保的情形。根据《中华人民共和国公司法》及《中华人民共和国民法典》相关规定，认定公司对外提供担保是否有效，应审查是否存在越权代表以及是否属于善意的情况。C 公司在案涉合同上盖章的行为存在授权瑕疵，曹先生主张适用"无限授权"，但现有证据表明其对越权代表系明知的，其不属于善意相对人，案涉合同中 C 公司的担保应认定为无效担保，故对曹先生主张 C 公司承担担保责任的主张不应予以支持。二审法院改判，驳回了曹先生对 C 公司的诉讼请求。

分析解读

公司作为企业法人，从主体角度而言，是合乎担保要求的，但是公司对股东或者实际控制人提供担保的，应履行比一般担保更为严格的决议程序。人民法院在审理案件时，应当主要审查签约人于盖章之时有无代表权或者代理权，从而根据代表或者代理的相关规则来确定合同的效力。

本案中，曹先生不能提供公司担保决议，没有证明其审查了担保决议，主观上不是善意；同时加盖公章的经办人是其母亲，从录音可以判断其曾经拿了公章不是为了担保，而是为了办理其他事情。在债权人不能说明担保书形成过程的情况下，债权人明知盖章人没有担保授权，其盖章行为对担保人不产生法律效力，而不仅仅是担保缺乏决议，担保无效的问题。一审法院以所谓的"无限授权"免除债权人的举证责任，二审法院结合相关证据进行审核，最终予以改判，C公司担保无效且该公司不承担连带责任。

法条援引

《中华人民共和国公司法》

第十六条　公司向其他企业投资或者为他人提供担保，依照公司章程的规定，由董事会或者股东会、股东大会决议；公司章程对投资或者担保的总额及单项投资或者担保的数额有限额规定的，不得超过规定的限额。

公司为公司股东或者实际控制人提供担保的，必须经股东会或者股东大会决议。

前款规定的股东或者受前款规定的实际控制人支配的股东，不得参加前款规定事项的表决。该项表决由出席会议的其他股东所持表决权的过半数通过。

《中华人民共和国民法典》

第六十一条　依照法律或者法人章程的规定，代表法人从事民事活动的负责人，为法人的法定代表人。

法定代表人以法人名义从事的民事活动，其法律后果由法人承受。

法人章程或者法人权力机构对法定代表人代表权的限制，不得对抗善意相对人。

第五百零四条 法人的法定代表人或者非法人组织的负责人超越权限订立的合同，除相对人知道或者应当知道其超越权限外，该代表行为有效，订立的合同对法人或者非法人组织发生效力。

不以营利为目的公开他人照片，也会侵犯肖像权吗？

经典案例

2021 年 5 月，廖女士带着 3 岁的女儿欢欢在小区内道路上行走。欢欢跑去道路中间拾捡枫叶的时候，董先生驾车从后方以较快的速度驶来，所幸董先生避让及时未造成事故。随后董先生继续向前行驶并将车停在小区道路右侧。

由于女儿险些被撞，廖女士心有余悸之外还带着怒气，于是当即拍摄了三张董先生在小区内部道路停车的照片并上传至小区业主微信群中，群内共 457 名成员。

董先生看到自己的照片和车牌号被发在小区业主微信群里，便告知廖女士擅自发布其照片的行为不妥。廖女士认为其行为并无不妥。随后双方在微信群里发生争执，并引发该微信群其他成员的议论。在争执过程中，廖女士在群内发布了"我作为两个孩子的母亲，在这个小区买房只是为了孩子上下学方便，而不是让杀手亲密接触我的孩子"等内容。董先生不堪忍受"杀手"等字眼及群内成员的讨论、指责，后将廖女士诉至法院，要求廖女士立即停止侵害其肖像权、隐私权、名誉权，在小区业主微信群或小区里公开赔礼道歉、消除影响、恢复名誉，并赔偿精神损害抚慰金2000元。

法院经审理后认为，廖女士没有与董先生沟通或协商而是直接曝光他人行为的方式不妥。根据民法典肖像权的相关规定，未经肖像权人同意，不得制作、使用、公开肖像权人的肖像，因此董先生有权拒绝其照片被他人公开。廖女士未经许可将董先生照片发布在微信群，侵犯了董先生的肖像权。廖女士发布的照片内容并非反映董先生在私密场所进行的私密活动，也未骚扰其日常生活，因此并未侵犯其隐私权。同时，廖女士并未对董先生实施其他的语言攻击，仅就其行车过快的行为予以指责，尚不足以造成其名誉权的损害。

最终法院判决，廖女士立即停止侵犯董先生肖像权的行为，并在小区业主微信群中向董先生公开赔礼道歉，逾期不履行，法院将在市级媒体刊登该判决书的主要内容；驳回董先生经济赔偿的诉求。目前，该判决已生效，廖女士已向董先生公开赔礼道歉。

分析解读

本案例中，虽然车辆与廖女士的女儿欢欢并未发生碰撞，但在小区内行驶车辆也应尽量保持慢速，同时状况发生后，董先生理应适当照顾当事人的情绪。廖女士无论是站在维权的角度还是公益的角度，都应当首先与董先生协商解决该问题，而不是直接将董先生的照片和车牌号发到群里，导致董先生受到群内部分成员的指责和非议。

肖像权是公民可以同意或不同意他人利用自己肖像的权利。以往的法律中规定侵犯肖像权需以营利为目的作为判定条件，新实施的《中华人民共和国民法典》则规定除以营利为目的外，其他利用他人的肖像进行人身攻击等的行为也属于侵犯肖像权。

法条援引

《中华人民共和国民法典》

第一百二十条　民事权益受到侵害的，被侵权人有权请求侵权人承担侵权责任。

第一千零一十八条　自然人享有肖像权，有权依法制作、使用、公开或者许可他人使用自己的肖像。

肖像是通过影像、雕塑、绘画等方式在一定载体上所反映的特定自然人可以被识别的外部形象。

第一千零一十九条　任何组织或者个人不得以丑化、污损，或者利用信息技术手段伪造等方式侵害他人的肖像权。未经肖像权人同意，不得制作、使用、公开肖像权人的肖像，但是法律另有规定的除外。

未经肖像权人同意，肖像作品权利人不得以发表、复制、发行、出租、展览等方式使用或者公开肖像权人的肖像。

第一千一百六十五条 行为人因过错侵害他人民事权益造成损害的，应当承担侵权责任。

依照法律规定推定行为人有过错，其不能证明自己没有过错的，应当承担侵权责任。

公开与他人聊天记录，犯法吗？

经典案例

张女士与李女士两人是亲戚，二人因琐事发生争执，并在微信上进行理论，展开骂战。随后李女士便将二人的微信聊天记录截屏制作成短视频，发在其个人短视频社交平台账号上，请求大家评评理。李女士的账号有很多与张女士和李女士都认识的粉丝，亲戚朋友及其他不认识的粉丝看了该聊天内容，纷纷留言指责张女士。张女士找到李女士要求其删掉该短视频。李女士不仅没有删除视频，而且还通过短视频平台与人连麦讨论张女士与她之间的矛盾和二人过往相处的事例。

张女士找到村委会干部，请求帮忙协调解决问题，无果。于是张女士将李女士诉至当地法院。法院经审理认为，李女士将与张女士的聊天记录发送至短视频平台等，泄露了张女士的私密信息；李女士通过短视频平台直播连麦讨论自己与张女士之间的争执、过往纠纷事例等内容，打扰了张女士的个人生活安宁；李女士的行为构成对张女士隐私权的侵害，李女士应当对此承担侵权责任。后李女士不服提出上诉，二审法院经审理后判决驳回上诉，维持原判。

判决生效后，李女士并没有自动履行判决，张女士随即申请强制执行。执行法官向李女士说明了拒不执行裁判文书的后果后，李女士按照判决要求，将张女士审核过的致歉内容公开发布在自己的短视频账号等上，并且对全部人可见，致歉内容保留至少十天。

分析解读

未经他人同意，在网络上擅自公开自己与他人或者他人间的聊天记录，如果内容涉及与大众无关的私人事务，并且公开了当事人用户名、头像、姓名等个人信息，同时给聊天者本人带来困扰，那么就违反了法律中隐私权的相关规定，需要承担民事责任，被公开者有权提起民事诉讼。

判断公开与他人的聊天记录是否构成侵权，还需要看公开者的主观心态，判断其公开行为是否具有故意的心态或者具有重大的过失。本案例中，李女士因与张女士发生矛盾，为泄私愤将与张女士的聊天内容公开，虽然除此之外公开的只有张女士的头像，但是通过聊天内容，大家都能知晓其聊天对象为张女士，由此引发了大家对张女士的非议和指责，打扰了张女士的个人生活安宁，因此构成侵犯隐私权。

《中华人民共和国民法典》

第一千零三十二条 自然人享有隐私权。任何组织或者个人不得以刺探、侵扰、泄漏、公开等方式侵犯他人的隐私权。

隐私是自然人的私人生活安宁和不愿为他人知晓的私密空间、私密活动、私密信息。

第一千零三十三条 除法律另有规定或者权利人明确同意外，任何组织或者个人不得实施下列行为：

（一）以电话、短信、即时通讯工具、电子邮件、传单等方式侵扰他人的私人生活安宁；

（二）进入、拍摄、窥视他人的住宅、宾馆房间等私密空间；

（三）拍摄、窥视、窃听、公开他人的私密活动；

（四）拍摄、窥视他人身体的私密部位；

（五）处理他人的私密信息；

（六）以其他方式侵害他人的隐私权。

《中华人民共和国治安管理处罚法》

第四十二条 有下列行为之一的，处五日以下拘留或者五百元以下罚款；情节较重的，处五日以上十日以下拘留，可以并处五百元以下罚款：

（一）写恐吓信或者以其他方法威胁他人人身安全的；

（二）公然侮辱他人或者捏造事实诽谤他人的；

第八章　担保与人格

229

（三）捏造事实诬告陷害他人，企图使他人受到刑事追究或者受到治安管理处罚的；

（四）对证人及其近亲属进行威胁、侮辱、殴打或者打击报复的；

（五）多次发送淫秽、侮辱、恐吓或者其他信息，干扰他人正常生活的；

（六）偷窥、偷拍、窃听、散布他人隐私的。

被列为失信被执行人，是否侵犯名誉权？

经典案例

2020 年 6 月，周先生因其名下的信用卡发生多次欠费被 A 银行诉至法院，要求偿还欠款本息及滞纳金。周先生主张该信用卡非其本人申领并使用，系他人冒领。最终周先生因举证不足而败诉，法院认定周先生未按时归还信用卡消费款的事实，判决支持 A 银行的诉讼请求。

后因周先生未履行该判决，A 银行向中国人民银行如实申报，周先生在中国人民银行征信系统中留下了信用不良记录。同时，A 银行向法院申请强制执行。因执行未果，法院将周先生纳入了失信被执行人名单。

2021 年 3 月，周先生在购买高铁票时发现其作为失信被执行人被限制乘坐高铁。周先生与 A 银行协商，要求删除其在银行征信系统中的个人信用不良记录，并将他解除失信被执行人名单。A 银行没有同意。于是周先生将 A 银行诉至法院，要求 A 银行删除信用不良记录，解除失信被执行人名单；主张 A 银行侵犯了自己的名誉权，要求 A 银行向其赔礼道歉，支付精神损害抚慰金 2 万元。

法院认为，生效的判决文书已经确认了周先生欠款的事实，在此基础上，A 银行可依照法律法规向中国人民银行如实申报，并向法院申请强制执行。虽然中国人民银行征信系统上显示周先生有信用不良记录，但只有本人或者相关政府机构、金融机构因法定事由才能对该系统内的记录进行查询，这些记录并未在不特定人群中传播，也未造成周先生的社会评价降低，不能认定存在名誉受损的后果。关于周先生被法院纳入失信被执行人名单，根据《最高人民法院关于公布失信被执行人名单信息的若干规定》第七条的规定，各级人民法院应当将失信被执行人名单信息录入最高人民法院失信被执行人名单库，并通过该名单库统一向社会公布，也可以根据实际情况，将失信被执行人名单通过报纸、电视、网络等方式予以公布。因此 A 银行客观上不存在侮辱、诽谤等侵犯周先生名誉权的违法行为，亦无主观上的过错。综上，A 银行的行为并未侵犯周先生的名誉权。

关于周先生主张案涉信用卡非其本人申领并使用，系他人冒领，法院认为，根据《最高人民法院关于适用〈中华人民共和国民事诉讼法〉的解释》第九十三条第五项的规定，周先生申领信用卡并使用的事实已经法院生效的裁判所确认，而周先生未提供足以反驳的相反证据证明其主张，故不予采信。

最终，法院依法判决驳回了周先生全部诉讼请求。周先生不服，提起上诉。二审法院依法判决驳回上诉，维持原判。

分析解读

根据法律规定，构成名誉权侵权需满足四个要件：存在违法行为、侵权人具有主观过错、产生损害结果、违法行为和损害结果之间存在因果关系。根据《中华人民共和国民法典》第一千零二十四条的规定，侵害名誉权的行为主要是指采用侮辱、诽谤等方式损害公民名誉，使公民人格尊严或社会评价受到不利影响。

曝光"老赖"是司法机关面对执行难的困境而采取的应对措施，目的是督促"老赖"履行判决，而非图营利，因此不属于侵犯肖像权的行为。公民私人信息等隐私权的存在也是相对的，享有权利也要承担相应的义务，而保护隐私权相应的义务就是尊重他人的权利，不侵犯国家、集体及他人的合法利益。被公示的"老赖"的行为不仅侵犯了债权人的合法权益，其拒不履行判决的行为也是对司法权威的蔑视，故公示"老赖"信息的行为亦不侵犯隐私权。

法条援引

《最高人民法院关于适用〈中华人民共和国民事诉讼法〉的解释》

第五百一十六条 被执行人不履行法律文书确定的义务的，人民法院除对被执行人予以处罚外，还可以根据情节将其纳入失信被执行人名单，将被执行人不履行或者不完全履行义务的信息向其所在单位、征信机构以及其他相关机构通报。

《最高人民法院关于公布失信被执行人名单信息的若干规定》

第七条　各级人民法院应当将失信被执行人名单信息录入最高人民法院失信被执行人名单库，并通过该名单库统一向社会公布。

各级人民法院可以根据各地实际情况，将失信被执行人名单通过报纸、广播、电视、网络、法院公告栏等其他方式予以公布，并可以采取新闻发布会或者其他方式对本院及辖区法院实施失信被执行人名单制度的情况定期向社会公布。

👤 人去世后还存在名誉权吗？

经典案例

2008 年 10 月，谢先生因突发疾病于酒店去世。此后，宋某和刘某于知名社交平台发布数篇关于谢先生的文章，文中多处对谢先生的名誉进行诽谤。文章一经发出后，点击量数以千万计，人们真假难辨，议论纷纷，谢先生的名声由此受到极大损害。

谢先生的遗孀将宋某和刘某诉至法院，要求宋某和刘某赔偿

50 万元，并在多家门户网站及全国上十家报纸连续至少 7 天公开道歉。法院经审理认为，两被告的主观过错十分严重，所采取的侵权手段十分恶劣。虽然被告宋某和刘某称网络上的文章不是他们所写所传，而是黑客侵入，但两人所举证据不足证明。根据国家名誉权相关法律法规，人民法院认定，因宋某、刘某二人在网络上所传文章内容属捏造、诽谤，严重侵犯了谢先生的名誉权，判决其停止侵权，在网络和媒体上公开道歉，并赔偿原告经济损失 8 万余元、精神损害抚慰金 20 万元。

分析解读

名誉权，属于人格权的一种，是人们依法享有的对自己所获得的客观社会评价、排除他人侵害的权利。任何人对公民和法人的名誉不得损害。凡败坏他人名誉，损害他人形象的行为，都是对名誉权的侵犯，行为人应负法律责任。

我国法律法规明确规定，任何组织或者个人不得以侮辱、诽谤等方式侵害他人的名誉权。人死亡后其名誉权还存在。名誉作为对主体的评价，不会因主体死亡而消灭，死亡后名誉依然受法律保护。如果不法分子对已死亡人员的名誉造成了侵犯，可以由其亲属向司法机关提起诉讼要求对方进行赔偿，并进行惩罚。

法条援引

《中华人民共和国民法典》

第九百九十四条　死者的姓名、肖像、名誉、荣誉、隐私、遗体等受到侵害的，其配偶、子女、父母有权依法请求行为人承担民事责任；死者没有配偶、子女且父母已经死亡的，其他近亲属有权依法请求行为人承担民事责任。

第一千零二十四条 民事主体享有名誉权。任何组织或者个人不得以侮辱、诽谤等方式侵害他人的名誉权。

名誉是对民事主体的品德、声望、才能、信用等的社会评价。

第一千零二十五条 行为人为公共利益实施新闻报道、舆论监督等行为，影响他人名誉的，不承担民事责任，但是有下列情形之一的除外：

（一）捏造、歪曲事实；

（二）对他人提供的严重失实内容未尽到合理核实义务；

（三）使用侮辱性言辞等贬损他人名誉。

第一千零二十六条 认定行为人是否尽到前条第二项规定的合理核实义务，应当考虑下列因素：

（一）内容来源的可信度；

（二）对明显可能引发争议的内容是否进行了必要的调查；

（三）内容的时限性；

（四）内容与公序良俗的关联性；

（五）受害人名誉受贬损的可能性；

（六）核实能力和核实成本。

婚姻中的第三者是否享有隐私权？

经典案例

　　陈先生和林女士原本是一对感情很好的夫妻。一天，林女士无意间发现了丈夫在微信上与其公司同事李女士之间的暧昧聊天内容，因此怀疑丈夫与李女士搞外遇。

　　为了报复李女士，林女士在公共场所张贴及发放印有侮辱、诽谤李女士的传单，并在传单中公开李女士的姓名、电话等个人信息；从网上订制印有侮辱、诽谤内容的锦旗公开送到李女士公司。不仅如此，林女士还在李女士的住所附近张贴大字报，辱骂李女士。在林女士多次实施该行为后，李女士情绪崩溃，持刀自杀，所幸被家人及时救下送往医院才得以抢救过来。

　　后李女士家人将林女士告上法庭，要求林女士停止侵犯李女士名誉权的一切行为，公开赔礼道歉并赔偿精神抚慰金20000元。法院认为，林女士张贴侮辱、诽谤传单，公布李女士的姓名、电话等个人信息并送侮辱锦旗等行为，影响了李女士的工作、生活、名誉，造成严重后果，给李女士带来了精神损害。根据《最高人民法院关于确定民事侵权精神损害赔偿责任若干问题的解释》相关规定，李女士提出的停止侵害、赔礼道歉、恢复名誉、赔偿精神损害抚慰金的请求，应当予以支持。林女士在主观上具有对李女士名誉毁坏的恶意，客观上实施了侵犯李女士名誉权的行为，应当承担侵权民事责任。

最终法院判决，要求林女士停止对李女士的名誉侵害，并于判决生效之日起十日内以书面形式向李女士赔礼道歉，并在李女士住所附近等位置张贴公示，张贴时间为七天。同时，法院判决林女士向李女士支付精神损害抚慰金 5000 元。

分析解读

本案例中，虽然陈先生与李女士保持婚外两性关系的行为违反公序良俗，影响了林女士的家庭生活，但是林女士应当通过合法、正当的途径依法维护自己的合法权益。采用散布含李女士侮辱性内容的传单和大字报等不理智的做法，不仅违反了法律关于公民享有名誉权的规定，同时还给李女士造成了精神损害，最后还得向李女士进行道歉并赔偿其精神损失，实在不是明智之举。

我国法律规定自然人享有隐私权，所以即使是婚姻的第三者，也是有权利的自然人，享有隐私权。对于婚姻的第三者，可以进行道德上的谴责，曝光其隐私是犯法行为，不仅侵害了其隐私权，侵犯了其合法权益，还需要承担相应的民事责任。

法条援引

《中华人民共和国民法典》

第一百一十条 自然人享有生命权、身体权、健康权、姓名权、肖像权、名誉权、荣誉权、隐私权、婚姻自主权等权利。

法人、非法人组织享有名称权、名誉权和荣誉权。

第一千零二十四条 民事主体享有名誉权。任何组织或者个人不得以侮辱、诽谤等方式侵害他人的名誉权。

名誉是对民事主体的品德、声望、才能、信用等的社会评价。

第一千零三十三条 除法律另有规定或者权利人明确同意外，任何组织或者个人不得实施下列行为：

（一）以电话、短信、即时通讯工具、电子邮件、传单等方式侵扰他人的私人生活安宁；

（二）进入、拍摄、窥视他人的住宅、宾馆房间等私密空间；

（三）拍摄、窥视、窃听、公开他人的私密活动；

（四）拍摄、窥视他人身体的私密部位；

（五）处理他人的私密信息；

（六）以其他方式侵害他人的隐私权。

🧑 在微信群里骂人是否要承担法律责任？

何女士与姜女士都是某协会的成员，两人分别担任不同小组的组长。此前，两人因协会事务管理问题产生分歧。2021年8月，姜女士先后两次在协会聊天群内发布文章指责何女士，并以转述他人话语的形式称呼何女士为"人渣"。她还将何女士用于办理协会事务的身份证复印件翻拍，发到协会聊天群中。复印件上留有何女士手写的"仅用作……，不得另作他用。"字样。

何女士将微信聊天记录进行公证保全，并将姜女士诉至法院。她认为，姜女士以转述他人话语的形式称呼她的言论，侵犯了她的名誉权；用于办理协会事务提供的身份证信息属于个人隐私，姜女士擅自发布在协会成员群，侵犯她的隐私权；姜女士应该承担侵权责任。

姜女士辩称，自己在聊天群中只是因转述他人话语而顺带说出"人渣"等字眼，并非自己出言侮辱，不属于恶意诽谤，不存在侵犯何女士名誉权的情形；何女士2019年参选协会小组长时，其身份证虽然未曾公示，但身份证上的姓名、照片、家庭住址和出生年月等各项个人信息都曾公示过，此次将信息再次发布于协会成员群，不构成侵犯隐私权。

法院经审理认为，姜女士在协会聊天群中使用"人渣"一词，表面上看是转述他人评价，但实际上无法证实是他人对何女士的评价。姜女士对其进行转述，并指向何女士，实质上已经构成对何女士名誉权的侵犯。何女士的身份证信息虽在其参选小组长时已公开，不具有私密性，但仍属民法典所保护的个人信息，且何女士已在身份证复印件上注明"仅用作……，不得另作他用。"，姜女士擅自公开已构成对何女士个人信息的侵害。因此法院判决姜女士承担停止侵害、赔礼道歉、赔偿何女士公证费等必要支出 2300 元的民事责任。

分析解读

QQ 群、微信群、钉钉群等在我们的生活中被广泛使用，虽然大家在群里聊天时可能身处不同地方，但是这些群聊都并非"私人空间"，在使用时同样要严格遵守相关法律法规，做到文明发言，不得违背公序良俗，不得侵害他人权益。

名誉权是公民维护其人格尊严不受侵犯的权利。互联网群组成员在参与群组信息交流时，应当遵守法律法规、文明互动、理性表达，同时要认识到在群聊里发布对他人有侮辱性的词汇或互相辱骂，都是不文明的行为，不仅有损个人形象，而且还需要承担法律责任。

未经他人允许公开他人的个人信息，包括他人的姓名、头像、身份证号、家庭住址、联系方式等个人信息属于侵害他人个人信息的行为，违反了法律中有关隐私权的规定，需要承担法律责任。

·········· 法条援引 ··········

《中华人民共和国治安管理处罚法》

第四十二条 有下列行为之一的，处五日以下拘留或者五百元以下罚款；情节较重的，处五日以上十日以下拘留，可以并处五百元以下罚款：

（一）写恐吓信或者以其他方法威胁他人人身安全的；

（二）公然侮辱他人或者捏造事实诽谤他人的；

（三）捏造事实诬告陷害他人，企图使他人受到刑事追究或者受到治安管理处罚的；

（四）对证人及其近亲属进行威胁、侮辱、殴打或者打击报复的；

（五）多次发送淫秽、侮辱、恐吓或者其他信息，干扰他人正常生活的；

（六）偷窥、偷拍、窃听、散布他人隐私的。

《中华人民共和国民法典》

第一千零三十五条 处理个人信息的，应当遵循合法、正当、必要原则，不得过度处理，并符合下列条件：

（一）征得该自然人或者其监护人同意，但是法律、行政法规另有规定的除外；

（二）公开处理信息的规则；

（三）明示处理信息的目的、方式和范围；

（四）不违反法律、行政法规的规定和双方的约定。

个人信息的处理包括个人信息的收集、存储、使用、加工、传输、提供、公开等。

侮辱英雄烈士需要承担怎样的法律责任？

经典案例

2020年4月，A公司厂房突发火灾。B市（A公司所在的市）119指挥中心接到报警后迅速调派消防员赶赴火灾现场进行灭火。在紧急救火的过程中，厂区南侧墙体倒塌，砸到了正在扑救大火的消防员张先生，张先生被埋压在了碎砖瓦砾中。后虽全力抢救，但因伤势过重，张先生壮烈牺牲。4月24日，张先生被B市政府评定为烈士。

4月29日，网民徐某通过本人手机用其手机号码在网上发布极端性、侮辱性言论，恶意辱骂B市火灾中牺牲的消防战士，引发网民愤慨，造成不良影响。

警方接网民举报后，迅速开展工作，将其传唤到案。徐某对其在网上发表违法言论的事实供认不讳。5月4日，徐某因寻衅滋事被当地公安机关依法处以行政拘留 5 日的行政处罚。

5 月 16 日，检察机关就徐某侵害烈士名誉权的行为提起民事诉讼，并征求了张先生近亲属的意见，其表示不提起民事诉讼。检察机关依据《中华人民共和国英雄烈士保护法》及《中华人民共和国民法典》相关规定，提起民事公益诉讼，要求徐某在主流媒体上公开赔礼道歉，消除影响。

分析解读

我国法律保护英雄烈士，范围包括近代以来，为了争取民族独立、人民解放，实现国家富强、人民幸福，促进世界和平、人类进步而英勇献身、毕生奋斗的英雄烈士，重点是中国共产党、人民军队、中国历史上的英雄烈士。英雄事迹具有一定的公信力、影响力、号召力，对社会有积极的正面导向作用。英雄名誉权具有一般名誉权的属性，即法定性、非财产性、专属性和可克减性，与一般名誉权相比又有其特征，包括公众利益相关性、公众兴趣性等。

英雄烈士的人格利益不容亵渎、不容诋毁。《中华人民共和国民法典》第一百八十五条规定，侵害英雄烈士等的姓名、肖像、名誉、荣誉，损害社会公共利益的，应当承担民事责任。《中华人民共和国英雄烈士保护法》对英雄烈士人格利益给予特殊法律保护，是顺应时代需求而设置的创新制度，是我国民事立法的重大进步。亵渎烈士名誉本身就是一种侵权行为，理应承担侵权行为的法律后果。

法条援引

《中华人民共和国民法典》

第一百八十五条 侵害英雄烈士等的姓名、肖像、名誉、荣誉，损害社会公共利益的，应当承担民事责任。

《中华人民共和国英雄烈士保护法》

第二十二条 禁止歪曲、丑化、亵渎、否定英雄烈士事迹和精神。

英雄烈士的姓名、肖像、名誉、荣誉受法律保护。任何组织和个人不得在公共场所、互联网或者利用广播电视、电影、出版物等，以侮辱、诽谤或者其他方式侵害英雄烈士的姓名、肖像、名誉、荣誉。任何组织和个人不得将英雄烈士的姓名、肖像用于或者变相用于商标、商业广告，损害英雄烈士的名誉、荣誉。

公安、文化、新闻出版、广播电视、电影、网信、市场监督管理、负责英雄烈士保护工作的部门发现前款规定行为的，应当依法及时处理。

第二十五条 对侵害英雄烈士的姓名、肖像、名誉、荣誉的行为，英雄烈士的近亲属可以依法向人民法院提起诉讼。

英雄烈士没有近亲属或者近亲属不提起诉讼的，检察机关依法对侵害英雄烈士的姓名、肖像、名誉、荣誉，损害社会公共利益的行为向人民法院提起诉讼。

负责英雄烈士保护工作的部门和其他有关部门在履行职责过程

中发现第一款规定的行为，需要检察机关提起诉讼的，应当向检察机关报告。

英雄烈士近亲属依照第一款规定提起诉讼的，法律援助机构应当依法提供法律援助服务。

《中华人民共和国刑法修正案（十一）》

三十五、在刑法第二百九十九条后增加一条，作为第二百九十九条之一："侮辱、诽谤或者以其他方式侵害英雄烈士的名誉、荣誉，损害社会公共利益，情节严重的，处三年以下有期徒刑、拘役、管制或者剥夺政治权利。"

👤 网红名称也有姓名权吗？

经典案例

牛先生是一位知名美食博主，作为知名网红公司旗下的签约达人，在各大自媒体平台拥有高曝光率和数千万粉丝，被称为"零食一哥"。以牛先生本人名字命名的零食品牌为公众所熟知，并有较好的销量。

超强的带货能力和较高社会知名度，使得牛先生具备高商业价值，也引来一些不良商家的觊觎。2020 年 9 月，卢先生注册成立了与牛先生同名的电子商务有限公司，在未与牛先生合作、未经授权的情况下，冒用牛先生的名义，生产、宣传、销售"牛先生严选"自热速食、方便速食以及休闲食品系列产品，并将牛先生的肖像和姓名印制在产品的外包装上。不少消费者被误导，继而购买。

商品在市面上流通后不久，牛先生的一些忠实粉丝发现该系列零食并非牛先生出品，而是被商家擅用了肖像、姓名等信息。为帮助自己的偶像维护权益，粉丝们陆续购买了一些侵权产品邮寄给牛先生。

2021 年 3 月，牛先生将这家公司诉至人民法院，要求其立即停止侵权，赔礼道歉，并赔偿经济损失、维权费用共计 106 万元。当地人民法院公开开庭审理了这起人格权纠纷案，并对该案作出判决，该公司立即停止所有侵犯牛先生肖像权、姓名权的行为，召回、撤换使用了牛先生肖像、姓名的产品、宣传资料等；向牛先生进行书面澄清及致歉；立即停止在其企业名称中使用"牛先生"字样；赔偿经济损失 16 万元。

分析解读

看到某个网红有较多粉丝后，有些人会想到以该网红名称或与之极为相似的名字注册商标，作为宣传，以利用网红的粉丝效应，获得更多的流量变现。但这种行为侵犯了网红的姓名权。根据《最高人民法院关于审理商标授权确权行政案件若干问题的规定》第二十一条第一款的规定，当事人主张的字号具有一定的市场知名度，他人未经许可申请注册与该字号相同或者近似的商标，容易导致相关公众对商品来源产生混淆，当事人以此主张构成在先权益的，人民法院予以支持。

本案例中，牛先生作为拥有一定知名度的美食博主，其姓名及肖像具有商业价值。卢先生成立的电子商务有限公司明知牛先生姓名、肖像具有商业价值，未经其同意，擅自在宣传资料、产品名称、产品包装、商用名片上使用其姓名和肖像，并用于商业经营，侵犯了牛先生的姓名权和肖像权，应承担民事责任。

对于牛先生要求被告赔偿的经济损失、维权费用共 106 万元，法院认为，因牛先生未举证证明其因侵权所遭受的损失，也未举证证明被告因此所获得的利益，故根据牛先生的知名度、被告的过错程度、侵权行为情节、侵权行为持续时间、侵权行为造成的损害后果，以及为制止侵权行为所支出的合理开支等因素，酌情认定其经济损失为 16 万元。

法条援引

《中华人民共和国民法典》

第一千零一十四条 任何组织或者个人不得以干涉、盗用、假冒等方式侵害他人的姓名权或者名称权。

第一千零一十七条 具有一定社会知名度，被他人使用足以造成公众混淆的笔名、艺名、网名、译名、字号、姓名和名称的简称等，参照适用姓名权和名称权保护的有关规定。

《最高人民法院关于审理商标授权确权行政案件若干问题的规定》

第二十条 当事人主张诉争商标损害其姓名权，如果相关公众认为该商标标志指代了该自然人，容易认为标记有该商标的商品系经过该自然人许可或者与该自然人存在特定联系的，人民法院应当认定该商标损害了该自然人的姓名权。

当事人以其笔名、艺名、译名等特定名称主张姓名权，该特定名称具有一定的知名度，与该自然人建立了稳定的对应关系，相关公众以其指代该自然人的，人民法院予以支持。

第二十一条 当事人主张的字号具有一定的市场知名度，他人未经许可申请注册与该字号相同或者近似的商标，容易导致相关公众对商品来源产生混淆，当事人以此主张构成在先权益的，人民法院予以支持。

当事人以具有一定市场知名度并已与企业建立稳定对应关系的企业名称的简称为依据提出主张的，适用前款规定。